改訂　保育士をめざす人の子ども家庭福祉

波田埜英治・辰己　隆　編

『改訂　保育士をめざす人の子ども家庭福祉』

執筆者紹介 （五十音順）　〇＝編者

上村　麻郁（千葉経済大学短期大学部）…………… 第4章

栗山　直子（追手門学院大学）………………………… 第3章

髙井　由起子（関西学院大学）………………………… 第7章

〇辰己　隆（関西学院大学）………………………… 第2章

伊達　悦子（元作新学院大学）………………………… 第1章

千葉　千恵美（高崎健康福祉大学）………………… 第11章

土田　美世子（龍谷大学）………………………… 第8章

中安　恆太（和泉短期大学）………………………… 第6章

西川　友理（大和大学白鳳短期大学部）…………… 第5章

〇波田埜　英治（関西学院短期大学）………………… 第9章

原　史子（高崎経済大学）………………………… 第10章

イラスト……溝口ぎこう

は・じ・め・に

　20世紀は「児童の世紀」にというエレン・ケイの言葉は、21世紀に入った今も実現をみない。それどころか、世界各地の紛争や自然災害などによる被災地域の子どもたちの問題、またわが国においては児童虐待、子どもの貧困など子どもにかかわる問題が報道される日々の連続である。健やかな子どもの育ちは、すべての人々の願いのはずである。子どもという存在は、未来への希望そのものであり、人と人とのつながりが希望の光を生み出すことに思いを致す。

　1947年、戦後の混乱のなかで児童福祉法は制定された。今年までの60余年の間に法改正が何度も行われてきた。そして、2016（平成28）年5月末に子どもの権利条約の精神にのっとり児童福祉法が改正され、児童が適切に養育されること、その生活を保障されること、愛され、保護されること等が児童福祉法の理念に謳われた。しかし、子ども家庭福祉の領域は拡大し、より困難な問題が山積している。児童や家庭が抱える問題の解決は、法改正のみに委ねられるのではなく、実践に委ねられる部分も大きい。その実践を第一線で担うのが保育士であり、キーパーソンとしての保育士への期待は大きい。

　今、保育の世界は大きな変革のときにある。保育士には本来の実践に加え、少子化とそれに伴う子育て支援、情報化とそれに伴う発達支援など新たな課題を視座した活動が求められている。また、家族、家庭生活や社会の変貌が著しいなかで行う保育、子育て支援、地域福祉活動に際して重要なのが、子どもの人権や権利擁護の問題である。これら多くの課題を概観すると、家庭や地域社会との共働の営みとしての保育実践の確立が求められていることがわかる。

　本書は、以上述べた現状をふまえ、子ども問題の多くは家族が営む家庭や社会の変動によって発生しているという観点から、保育士の視点で子ども家庭福祉を学べるよう編集されたものである。児童福祉法や他の法律改正などに対応し、最新の資料や動向を掲載するために、今回、新たに本書の編集を行った。人類の未来を拓いていく子どもたちの育成、育成を担う保育者への熱い期待を込めたそれぞれの筆者の思いもお届けしたい。養成機関に学ぶ方々が、本書を通してその志をさらに高めることができるよう願う次第である。

　なお、ご多用のなか、児童福祉法等の最新動向を見極めつつ、ご執筆いただいた先生方をはじめ、㈱みらいの方々に深く感謝申し上げたい。

　　2024年1月

編　者

目　次

第3章　子ども家庭福祉の成り立ち

第4章　子ども家庭福祉の法と行政・実施機関

第5章　子ども家庭福祉の施設

第8章　障害児の福祉

第9章　子どもを取り巻く諸問題

第10章　子育て支援と健全育成

第11章　子ども家庭福祉の専門職と専門技術

第1章

▶ ▶ ▶ 現代の子ども家庭福祉と保育士 ◀ ◀ ◀

キーポイント

　1947（昭和22）年に「児童福祉法」が制定されてからこれまでに度重なる改正が行われた。施行当時と比較すると、子ども家庭福祉の領域や対象は格段に広範囲になった。子どもや家庭を取り巻く社会の状況が複雑化し、子どもの育ちと子育てが深刻な問題に直面する時代になったこともあって、保育士には従来の保育に加えて、家庭や地域社会を視座した新たな福祉実践が期待されている。

　社会的養護としての保育を考えてみても、子どもとその家庭に直接的にかかわる保育士の役割は一層重要になってきた。「保育する人」として子どもへの発達支援を行うことはもちろんのこと、家族関係や家庭のありように大きな変化が生じている現代社会では、子育て支援の方法や関係機関との連携について十分な配慮が求められるからである。

　本章では、今日の社会や家庭など、子どもを取り巻く状況について理解を深め、保育士が子ども・家庭・地域を支援していくために必要な諸課題について学習する。

1　子ども家庭福祉のなかの保育士

1．保育士が子ども家庭福祉を学ぶ視点

(1)　子育ち・子育てと子ども家庭福祉

　エレン・ケイは20世紀は「児童の世紀」と謳ったが、実際には20世紀にその実現をみることはできず、世界大戦や各地での紛争により「児童受難の世紀」であったともいわれる。世界各国はそれぞれの困難な事情と課題を抱えたまま21世紀を迎えたのである。わが国も例外ではない。

　今日のわが国は「少子・高齢社会」といわれ、この傾向は20世紀後半から世界的にも例のないほどのスピードで進行している。高学歴化、それに伴う晩婚化、女性の社会進出などが少子化現象の背景にあるといわれ、さらには

11

「子を生む・生まない」ことの選択が容易になり、「生まない」選択をする女性が増加していることなどがあげられている。

その一方で、子育ち・子育てがうまくいかないという問題が生じている。非行の低年齢化、青少年による犯罪等が社会的な問題になり、家庭における児童虐待の多発から親による子育て上の問題が指摘されている。加えて、子どもの貧困化の問題が近年の大きな課題となってきている。また、学校問題に関していえば、いじめや暴力問題、不登校、さらにはいわゆる「引きこもり」の問題も深刻化している。近年、ことに問題として指摘されているのが父親や母親による「子殺し」である。

従来、わが国には「親がいれば子どもは育つ」「子どもは家庭で育てるもの」といった漠然とした認識があったが、これらの子どもにかかわる問題の多発に直面してみると、改めて「子どもは社会の宝」であることを考えさせられる。児童憲章や児童福祉法の理念に立ち戻って、社会全体が子どもの育ちにかかわっていくことの大切さを再認識することが求められているといえよう。そして、保育士はその最前線で役割を担っていく立場にある。

⑵　子ども家庭福祉における保育士の役割と活動領域

今日の子どもと家庭を取り巻く状況は、児童福祉法が制定された当時とは大きく異なっている。児童福祉法制定当時の1947（昭和22）年は、敗戦後の混沌（こんとん）とした社会情勢ではあったが、「子育て」が人間の当たり前の営みとし

図1-1　出生数および合計特殊出生率の推移

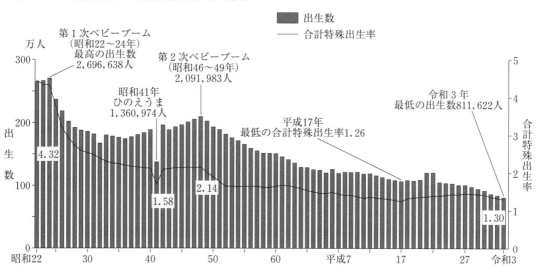

出典　厚生労働省「人口動態統計」より作成

て認識されていた時代であったともいえる。しかし、敗戦後の経済復興は社会構造を大きくかえた。女性の就労、とりわけ既婚女性の就労が増加して家庭生活に変化をもたらした。同時に核家族化も進行し、「ニューファミリー」と呼ばれる世代が誕生した。都市化・開発化はそれまでの地域社会を揺るがし、子どもたちの育ちの場を奪った。

　これまで保育士は、保育所やその他の児童福祉施設で日々子どもの保育・養護を担う者とされてきたが、このような社会の変化に伴って、今日、保育士に期待される役割は大きく変化したのである。子どもの発達を支援することはもちろんであるが、もう一つの子どもの育ちの場である家庭への支援、つまり親の育児と就労への支援（両立支援）を含めた子ども家庭福祉という領域が加わったのである。

　また、かつて児童福祉法が対象としていた子どもたちは「要保護児童」と呼ばれる限られた子どものみであったが、現在では、保育所や他の児童福祉施設を利用する子どもや家庭への支援だけでなく、地域社会における子育て支援という領域も加わっている。こうした保育士の新しい役割は、少子化に伴う育児困難や家庭内での児童虐待の多発化に対応するものである。従来から行われている子育て相談事業についても、単に子育ての知識の伝達やアドバイスを越えて、「親育ち」への援助が求められている。

　このような状況のなかで保育士がよりそれらの役割を果たせるよう、その地位を高め専門性を確保するため、2001（平成13）年の児童福祉法の改正により、保育士は国家資格（名称独占）となった。

　さらに、2017（同29）年に保育所保育指針が改正され、子育て支援の必要性や職員の資質・専門性の向上といった内容が示された。また、2016（同28）年に児童福祉法が改正され、第1条「児童福祉の理念」が児童の権利に関する条約の精神にのっとり改正されたことで、保育士は児童の最善の利益を優先しなければならないことが明確化された。

　以上述べてきたように、今の保育士は児童の最善の利益を優先し、子どもの発達理解はもちろんのこと、家庭を含む社会のありようや変動についても理解を深めながら、子育ちと子育てへのよき支援者としての実践が期待されている。

2　今日の子どもを取り巻く環境

1．社会・学校・家庭の変化

(1)　社会の変化と子ども

　　第2次世界大戦の終結は、わが国が大きく変容するきっかけになった。経済活動の活発化は社会構造、家庭、学校をかえた。1つの転換点は「東京オリンピック」(1964(昭和39)年)の開催だったといわれ、事実これを機会にわが国は「先進国」の仲間入りをしたといわれている。同時に日本中が開発の波にさらされ、国民の働き方や地域社会にも多大な影響を与える結果となった。

　　それまでの第1次産業主体(主に農林漁業)の社会から第3次産業主体(主にサービス業)の社会に移行し、それに伴って就労の長時間化や就労形態の多様化が進行した。郊外の宅地化やモータリゼーションの普及によって通勤は長距離化・長時間化し、働く人たち、ことに父親の在宅時間は次第に短くなった。単身赴任者も増加し、父親不在の家庭での子育ての問題が浮上し、社会問題化しはじめた。加えて、母親の就労時間や就労形態も大きく変化してきている。また、リストラの進行による就労形態の多様化、例えば短期雇用や派遣労働者の増加に伴う低所得者層の増加などが社会問題となっており、生活の不安定化が深刻な家庭も増加してきている。

　　社会の変化が同時に経済活動の変化であることは上述した通りであるが、都市化、工業化、情報化の勢いを加速させて社会全体が消費の市場と化していった。消費活動の活発化は社会全体の傾向ではあったが、消費者のなかでもことにターゲットとされたのは、子ども、若者などあまり経済力をもたない若年層である。少子化とも相まって子どもたちは「モノ」に囲まれ、次第に「モノ」のとりこになっていく。戦後の電化製品の普及が「三種の神器」[※1]なる言葉を生み出したように、子ども社会も「モノ」を手に入れることに執着し、「モノ」で競い合い、やがて「モノ」を遊び相手として人間関係の希薄化を招くことになった。高度経済成長によって持ち家の普及が図られ、「憧れのマイホーム」には必ず子どもの個室がつくられるようになる。やがて、1990年代になるとその個室で「モノ」とは遊ぶが友だちとは遊ばないといった人間関係をつくれない子どもたちの問題が指摘されだした。

　　そして今、ITの普及によって「スマートフォンを仲立ちとしたコミュニケーション」に終始する子どもや若者の人間関係のありようがしきりに論評され、スマートフォンの弊害が取りざたされている。このことから情報化社

※1　**三種の神器**
　テレビ・電気洗濯機・電気冷蔵庫のこと。

会では情報を選択する力が求められるが、情報に翻弄される社会状況のなか
で、気づかないうちに危険に接近し、事件に巻き込まれる子どもや若者の悲
劇が急速に増えている。2004（平成16）年に長崎県佐世保市で起こった、小
学生による同級生殺害事件を契機に、パソコン使用のルールやマナーに関す
る教育も大きな課題となっており、近年ではメールその他による脅迫やいじ
め問題が多発している。警察を中心に犯罪発生への対策に取り組んでいるが、
情報機器の波紋は大きい。

　また、都市化、開発化がもたらしたものとして環境破壊の問題がある。子
どもの遊び場が奪われただけでなく、環境汚染をはじめとして食物の安全性
の問題、交通禍の問題など、生活環境の安全性が大きく問われている。子ど
もは社会の未来そのものである。その子どもたちの発達に、環境の変化はど
のような影響を与えていくのか、真剣に検討する必要があるだろう。

(2)　学校の変化と子ども

　2001（平成13）年、文部科学省は小中学生の「不登校児童・生徒」が全国
で13万8,000人に達したと発表した。その後「教育支援センター（適応指導教
室）」の設置（義務教育課程）、「スクールカウンセラー」の配置など各種の対
策を講じたものの、2021（令和3）年度の調査結果によると、24万4,000人強
にのぼっており、相変わらず、学校社会はさまざまな課題を抱えている。不
登校問題以外にも、「学級崩壊」「対生徒、対教師の暴力・恐喝」「いじめ」
や「援助交際」「覚醒剤等の薬物乱用」など、学校の内部で起きるものと外

図1－2　不登校児童生徒数の年度推移

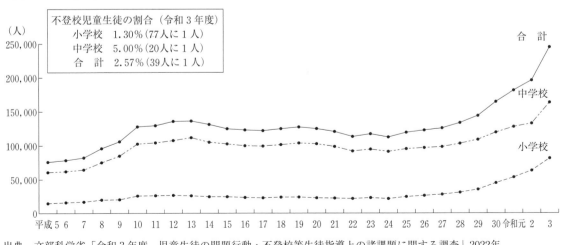

出典　文部科学省「令和3年度　児童生徒の問題行動・不登校等生徒指導上の諸課題に関する調査」2022年

部で起きるものの違いはあるが枚挙にいとまがないほどである（図1-2）。

　「学校病理」という言葉が世間の耳目を集めるようになって久しい。なぜ学校がこれほどの問題を抱えるようになったかについてはさまざまに論じられているが、受験を巡るし烈な競争とそれに伴うストレスの問題は以前から指摘されているところである。学力を巡る過度の競争は高校受験ばかりでなく、その後の進学にまでおよぶ。したがって、人生の基礎をつくる多感な子ども期を仲間との競争に費やすことを余儀なくされる。さらには、こうした経験が仲間との関係に緊張感を招き、時には関係を分断してしまうことさえある。子どもを対象とした電話相談機関に寄せられる内容をみると、学校にかかわる相談、それも友人との人間関係に悩むものが多い。不登校児童の場合も、人間関係のこじれがきっかけと訴える例が多い。大津市の中学2年生が自殺したことに端を発した一連のいじめ問題を受けて、2013（平成25）年9月には「いじめ防止対策推進法」が制定され、各学校が防止のための取り組みを「学校基本方針」として定め、公開することが求められた。その他、家庭内の人間関係の希薄さや不安定さも大きな要因の1つである。このような児童生徒の家庭養護の問題に頭を悩ませる教師は多い。

　本来、子どもは家庭や学校、地域社会を舞台に人間関係を構築する力を養い、人との関係を通して自己を育て、「生きる力」をはぐくむものである。ところが、「ボッチ」という言葉が示すように学校生活の経験がむしろ人間関係を回避する結果を招いているところに、現在のわが国の学校問題の深刻さがある。

　このような状況の下、2017（同29）年の保育所保育指針の改定にあたって「改定の方向性」が示された。そのなかで、子どもの育ちをめぐる環境の変化を踏まえた健康及び安全の記載の見直しや保護者・家庭及び地域と連携した子育て支援の必要性、職員の資質・専門性の向上といった内容が示された。子どもたちのよき育ちのためにも、子どもの多様な参画を可能にする地域社会の再構築が求められているといえよう。

(3)　家庭の変化と子ども

　家庭内における子ども虐待[2]が社会問題化してから10年余が経過した2000（平成12）年11月、「児童虐待の防止等に関する法律」が施行された。さらに2004（同16）年には、子ども虐待の防止等に関する施策を促進することを目的として、同法が改正された。しかし現在も、児童養護施設には家庭で虐待を受けた子どもたちが多く入居している。家庭は、そして親は子どもを育てられなくなってしまったのだろうか。

　かつての日本は、他の東アジア圏の国々と同様に3世代同居が主であったが、高度経済成長と期を同じくして次第に核家族化、小家族化が進行した。女性の就労率が高まり、「カギっ子」が流行語になったのもこの時期である。2012（同24）年の核家族世帯の比率は60.2％となり、全世帯に占める児童のいる世帯の割合は24.9％にまで減少した。また、児童のいる世帯の平均児童数は1.72人（いずれも国民生活基礎調査）で著しい少子化の実態を表している。

　では、核家族化、小家族化の進行によって家庭機能はどのように変化したのであろうか。

　かつて大家族であった時代、家庭には「経済（生産・消費）」「生殖」「保護（互助）」「教育」「娯楽」などの機能があった。家庭でみんなが働き、助け合い、子を育て、楽しむ生活である。しかし社会の変化にしたがい、労働の場は企業など家庭外に移り、外食産業の隆盛にみられるように消費の場も家庭外に拡大している。保護機能は国や自治体、医療機関に、教育は学校や教育産業に、娯楽は余暇産業などへと、従来家庭内にあった機能の多くが外部化された。家族のそれぞれが役割を果たしていた時代から大きく変化し、家庭機能は縮小化したともいわれる。事実、家庭外での生活時間が大幅に増加し、子どもの場合は学校の部活動や学習塾に多くの時間を費やすようになった。子どもの塾通いやおけいこごとはすでに0歳に始まり、1歳代で通信教育、2歳代からは各種スポーツや英会話などが加わって、時代とともに低年齢化している。

　都市化、産業構造の変化に伴う地域コミュニティの脆弱化と相まって、家庭は家族のみでさまざまな生活課題に対処しなければならなくなったが、その困難さを露呈するような問題が次々に発生している。離婚、育児能力の低下、虐待を含めた育児放棄、少年非行、さらには深刻な家族病理の問題など、枚挙にいとまがない。また、長期にわたる経済不況から親世代の失業問題も加わり、家庭が社会変動の荒波に翻弄されていることも、子どもの育ちに深い影を落としている。

　ことに、近年注目すべきことが子どもの貧困化問題である。母親と子どものみの世帯での母親の就労困難、それに伴う生活困難、子どもの修学困難といった生活環境全般にわたる貧困化現象が増加傾向にある。厚生労働省の『国民生活基礎調査』によれば、2018（同30）年の子どもの貧困率（OECDの算出基準による）は14.0％とやや改善したが、深刻な状況に変わりない。2013（同25）年に子どもの貧困対策の推進に関する法律が制定され、政府は子どもの貧困対策を総合的に推進するために「子供の貧困対策に関する大綱」を定められたが大きな成果はあがっていない。自治体やNPOによっては養育や学

習支援する取り組みや、子ども食堂の運営などが行われており成果があがっているが、国に対して、子ども虐待の予防や早期介入や貧困の負の連鎖を断ち切るための有効な方策としてさらなる充実を求めたいところである。

2．子どもの問題と福祉

(1)　密室化した育児と広がる育児不安

　小家族化、少子化、地域コミュニティの弱体化に加え、転勤などに伴う生活拠点の移動も常態化して、幼い子どもを抱える母親たちの育児不安は深刻である。核家族化が進行したことで、いわゆる育児文化の継承が途切れたことも要因の1つである。育児不安に連動して生じたのが、母親たちの人間関係のトラブルである。子どもを仲立ちとした親たちの人間関係の軋轢（あつれき）が事件にまで発展した出来事は、社会全体にとって衝撃であった。

　地域がコミュニティとして機能しない社会では、育児が密室化する危険も大きい。父親の在宅時間が短いこともあって、母と子の密着度が増してしまうからである。「子育てはつらいもの」という認識は育児拒否や虐待に連なり、さらには少子化の問題にまで連なる。

　地域での子育て支援の方策は、今やっと緒についたところである。国としての児童家庭福祉政策はもちろんのこと、NPOをはじめとした民間レベルでのボランタリーな活動に負うところも大きいが、自治体による次世代育成支援計画をはじめとした諸施策を通して、保育士の活動領域は今後ますます拡大することであろう。

(2)　男女共同参画と子ども家庭福祉

　1999（平成11）年、「男女共同参画社会基本法」が成立した。この法律は、子育てと就労の両立支援を含めて、企業にもそのための努力を行うことを求めている。一方で働く母親への支援として保育所の充実があげられているが、それだけでは子どもやその家庭の福祉を図ることはできない。今求められるのは、父親の育児参加の促進であろう。育児休暇の取得だけでなく、家庭生活や地域社会への参加を可能にするための時間が確保されなければならない。女性の社会参加や働き方を改善するだけでなく、男性の働き方の改善が求められるのである。2003（同15）年に制定された「次世代育成支援対策推進法」において事業主にもその責務を課したのは、このような背景もあってのことである。

　2017（同29）年に育児・介護休業法が改正された。このなかで、1歳6か

月に達した時点で、保育所に入れない等の場合に再度申出することにより、育児休業期間を最長 2 歳まで延長できるようになった。さらに、特に男性の育児参加を促進するため、就学前までの子どもを有する労働者が育児にも使える休暇が新設された。しかし、「夫婦性別役割分業」という言葉に象徴されるように、家庭機能の多くが母親に集中している。各種調査で示されるように、父親は在宅時間の短いことに加えて、家庭での生活行動で「家事」「育児」に費やす時間が極めて短い。この傾向は共働き家庭の場合もまったく同様である。男女共同参画社会は、母親の視点に立つことはもちろん、父親や子どもを含めた望ましい子ども家庭福祉の実現に連なるものであることを求めたい。

3　広がる子ども家庭福祉の意味

1．子ども家庭福祉の定義と対象

(1)　児童福祉法・児童憲章の理念

　児童福祉法は1947（昭和22）年に制定され、改正を重ねながら今日に至っている。2016（平成28）年の改正法では、子どもの権利条約にのっとり子どもの最善の利益が優先されるように改正された。その内容は、第 1 条は「全て児童は、児童の権利に関する条約の精神にのつとり、適切に養育されること、その生活を保障されること、愛され、保護されること、その心身の健やかな成長及び発達並びにその自立が図られることその他の福祉を等しく保障される権利を有する」第 2 条「全て国民は、児童が良好な環境において生まれ、かつ、社会のあらゆる分野において、児童の年齢及び発達の程度に応じて、その意見が尊重され、その最善の利益が優先して考慮され、心身ともに健やかに育成されるよう努めなければならない」「児童の保護者は、児童を心身ともに健やかに育成することについて第一義的責任を負う」（第 2 項）「国及び地方公共団体は、児童の保護者とともに、児童を心身ともに健やかに育成する責任を負う」（第 3 項）とされた。また、1948（同23）年に制定された児童福祉施設最低基準（現・児童福祉施設の整備及び運営に関する基準）では、児童福祉施設業務に従事する職員の一般的要件として保育士などについて専門性の裏づけとしての資格や免許を要求しており、理念の実現に向けた強い意欲をうかがうことができる。

1951（昭和26）年になると児童憲章が制定され、宣言された。5月5日の「子どもの日」はこれを記念して制定されたものである。「児童は、人として尊ばれる」「児童は、社会の一員として重んぜられる」「児童は、よい環境のなかで育てられる」で始まる児童憲章は、半世紀を過ぎた今日でも指し示す理念はまことに新鮮で、なおかつ重要さを増してきている。

　1989年には国連において「児童の権利に関する条約」が採択され、わが国も1994（平成6）年に批准した。児童福祉法や児童憲章、教育基本法などによって健全な子どもの育成が謳われているにもかかわらず、権利の問題に関していえば、子どもは常に受動的立場（非主張者、非生産者としての子ども）を余儀なくされてきた。権利条約の批准は、従来保護の名のもとに拘束されてきた子どもたちの主体性、参加の権利を認める点で画期的なものといえよう。

　子ども家庭福祉は、これまでしばしば「保護」を中心に論じられてきた。子どもに対して「弱いもの」「未熟なもの」「まもらなければならないもの」といったとらえ方がされてきたからである。しかし、法や憲章が示す通り、人としての育ちの保障と、人としての尊厳が保たれることがその基本である。子どもをみていると、どれほど幼くても自らの意思をもち、好奇心をもって周囲に働きかけ、尊厳と発達への要求を示していることがよくわかる。保護が、子どもの発達と自立の機会を奪うものであってはならない。これは、保育に携わる者として、また、子ども家庭福祉の推進を担う者として保育士が心すべき大切なことであろう。

(2)　子ども家庭福祉の対象・領域とその変化

　歴史的にみると、子ども家庭福祉の概念には「子どもの発達」の意味が込められていた。やがて「保護」「幸福な状態」といった目的を込めた意味に用いられ、次第に後者の考え方が主流となっていった。このことは、子ども家庭福祉の対象や領域を考える上で重要な意味をもつ。

　児童福祉法は先に述べた通り、すべての子どもの福祉の実現を理念としている。しかし「法」が対象としてきたのは、「措置」という言葉に表されるように主として「要保護児童」とその家庭であった。網野武博は、児童福祉法の公的責任の内容として「支援」「補完」「代替」の3つをあげている。具体的には、「児童の発達上の障害や問題の軽減・除去のための支援」「発達上の障害や問題のある児童の養育の補完」「発達上の障害や問題のある児童の養育の代替」で、要保護性の高い場合の「代替」は公的責任の最も重い領域といえる。

　時代とともに大きく変化したのは「支援」の領域であろう。種々の子育て

支援の施策化は、すべての子どもの心身の健康や発達を支援するためのものである。子育てに私的責任があることはもちろんであるが、こうした変化は、子どもや子育て家庭を支援する公的責任の領域が次第に広がってきていることを表している。今、子育てへの支援は、第一線の保育士を中心にしながら、社会全体の育児の協働化を推進する方向に変化しつつある。

２．子どもに関する地域福祉活動

(1)　地域福祉活動の広がり

　これまでの子どもの問題が「要保護児童」対策中心であったのに対して、今日の子どもの問題は単に個々の家庭の問題ではなく、すべての子どもとすべての家庭に共通したものとして理解することが求められている。地域社会に人間性回復の場をつくろうとする視点から、新しい活動も生まれてきている。

　地域援助技術（コミュニティワーク）と呼ばれる、地域に根ざした福祉サービスの拡充と住民参加の福祉の実現をめざす活動も、「まちづくり」と連動して活発化してきている。「まちづくり」には、そこに発生している、あるいは発生を予測し得る課題について、住民自身が参加して課題解決を図っていく地域福祉活動が欠かせないからである。

　地域福祉の社会資源には福祉事務所、児童相談所、保育所を含む各種福祉施設などがあるが、それに加えて学校や幼稚園などの教育機関、保健所や病院などの保健医療機関、さらにはそこで働く職員やボランティアを含めた地域住民など、ヒューマンパワーも含まれる。これらの機関や人々の力を結集して地域福祉活動を発展させていくためには、ネットワークづくりが大切になる。さらに、こうした活動を推進していくときに求められるのは、子ども、障害者、高齢者などと住民を区分するのではなく、その地域全体の人々の暮らしという視点である。地域福祉活動の広がりは、地域社会に暮らすあらゆる人々の共生・共存（ノーマライゼーション・インテグレーション・ユニバーサルデザイン）の思想の広がりともいえるだろう。

　さて、子どものための地域福祉活動は、大きく次のように分類することができよう。

　①　家庭での養育を支援する活動

　　　保育所や幼稚園の機能の拡充と開放、学童保育（放課後児童クラブ）、保育ママ、育児相談、各種保育ボランティアや子育てサークル、児童福祉施設の児童家庭支援センター、ファミリー・サポート・センターや短

期入所制度など、地域全体で子育て支援にかかわろうとするもの。

② 子どもの発達を支援する活動

　施設づくり（遊び場・文庫活動など）、人間関係づくりや地域体験活動（子ども参加型の地域社会活動やボランティア活動など）。健康で文化的な住みよい地域環境は、子どもだけでなくすべての住民に必要なものであり、それらを開発整備していくためには地域の連帯的な人間関係が欠かせない。

③ 障害のある子どもの発達を支援する活動

　従来の施設型福祉には、子どもたちの生活圏を狭めてしまうという問題があった。そこで、子どもたちが地域で交流するための場をつくり活動する動きが高まってきた。ホームヘルプサービス、おもちゃ図書館、療育のためのおもちゃづくり、学童保育、交流キャンプなどの活動が各地で展開されている。保育所と障害児施設との交流保育には歴史があるが、1998（平成10）年に改訂された幼稚園教育要領においても「障害児との交流」を保育に導入するよう明記された。

　以上のほかにも、NPO（特定非営利活動団体）を中心にさまざまな活動が次々に誕生している。「すべての子どもたちのために」という子ども家庭福祉の理念は、地域活動への住民参加と新しい社会資源の開発を通して具体化していくことであろう。

(2) 保育士と地域福祉活動

　従来の個別的援助（ケースワーク）に対して、同じような悩みをもつ人たちが相互に援助し合う形で課題を解決する方法が活発になってきている。子育てに限らず、医療、介護などの分野でセルフヘルプ・グループが盛んに組織化されて活動の成果をあげている。

　ファシリテーションとは相互に援助し合う過程という意味で、それを効果的に促進していくのがファシリテーターである。ファシリテーターの役割は、まず、グループのメンバーそれぞれがもっている情報や意見、感情などを表出できるようサポートすることである。また、課題解決のためにどのような方法を選択することが適切か、考える場を保障することなどがあげられる。このプロセスを積極的に推進するためには、具体的サービスを提供するこれまでのケースワーク技法に対して、その人のもつ潜在的、内在的能力を具体化していく技法が求められる。そしてさらにグループそのものが相互に援助し合える機能を高めていくことも、重要なファシリテーターの役割である。

　近年、虐待の問題が深刻であるが、それ以外にも子育てに苦慮している家庭は多い。乳幼児期はもちろん、思春期の子育ての問題もある。そこで、育

児に困難を感じたら、あるいは親自身が行きづまったらすぐ仲間入りできるグループが身近な生活圏のなかにあり、ファシリテーターが適切に援助できるような仕組みが早急に求められる。

　これまでの子育て支援策はハード面を中心に進められてきたが、これからはソフト面、つまり人的な社会資源が地域の福祉力を高めていくであろう。その中心は、保育所、子育て支援センター、児童家庭支援センター[※3]であり、そこに働く保育士である。つまり、保育士がファシリテーターとして能力を発揮することが期待されている。情報化社会は子育て中の親たちを不安に陥れ、その結果生じた悲劇も多い。直接保育士にその不安なり悩みが届かなければ、個別的援助を行うことはできない。保育士は親たちとのよりよい人間関係、コミュニケーションを最も期待できる場にいる人である。親たちの課題解決への援助だけでなく、問題を未然に防ぐことも期待できよう。保育士は保育所保育にとどまらず、地域の親たちが子育てを通して成長していくためのキーパーソンの役割を担っているといえるだろう。

※3　各機関の概要については第5章を参照。

〈参考文献〉
原田正文『子育ての変貌と次世代育成支援』名古屋大学出版会　2006年
原田正文『育児不安を超えて』朱鷺書房　1993年
品田知美『子育て「法」革命』中央公論新社　2004年
橘木俊詔『格差社会―何が問題なのか』岩波書店　2006年
三冬社編集部編『少子高齢社会総合統計年報　2009』三冬社　2008年
厚生労働省『国民生活基礎調査』2012年、2019年

コラム　子ども社会をかえた「モノ」

　1980年代は、全国的に学校内で「いじめ」の問題が吹き荒れた時代であった。それまでの校内暴力にとってかわった感じであるが、以後「不登校」「自殺」と、子どもの受難は現代まで続く。このころ社会的には「バブル経済」の真っただなかにあり、日本中が浮き足立った時代でもあった。あふれるほどの「モノ」社会は、子どもたちの遊びの世界もかえた。かつては空地が子どもの溜り場になったものだが、バブルの時代に空地は消え、屋内で遊ぶようになった。さらには、子どもの発する声が「騒音」だとして、住民からクレームが寄せられることも少なくないという。コンピュータの進化によって、玩具もかわった。さまざまなゲーム、コミック漫画、アニメ、ビデオ、DVD、ケータイやスマホ等に囲まれ、子どもたちが次第に現実感を失いつつあると指摘されている。「バーチャル・リアリティー」（仮想現実）という言葉は、「当たり前に子どもの世界にあるもの」という感じすら与える。

　現代の若者の親が子どもであった時代、つまり1960年代にはまだ伝統的な遊びがあった。基地ごっこやままごとなど群れて遊ぶことも多かった。市販されている玩具と同時に自然の木や枝、家庭の廃物を何かに見立てて使った。

　群れて遊べば「小競り合い」はつきものである。小さい子や泣かされる子がいれば、世話役や仲裁役の子どもが必ず現れた。群れて遊ぶときのルールをまもらなければ、年長の子どもが叱った。子どもの世界に「いじわる」「いじめ」はつきものであったのだが、それを止める、認めないという子ども社会の規範もあった。現代の「いじめ」は、遊びの変化につれて人間関係が様がわりしたことにも由来するだろう。

第2章

▶ ▶ ▶ ▶　　　　子どもの権利　　　　◀ ◀ ◀ ◀

キーポイント

　保育士をめざすみなさんに、つくづく大切だといいたいのは、「福祉は人なり」という言葉である。かねてよりゴールドン・ハミルトンや岡本民夫は、福祉に携わる専門職の大切な条件として「5H」を唱えていた。

　それは、①Heart（温かい心）、②Head（冷たい頭）、③Hand（優れた技能）、④Human relationship（人間関係）、⑤Health（健康）の5つであった。

　今日、保育士や子ども家庭福祉関係者には、新しい援助・支援が求められている。それは、子どもの最善の利益を基底にした「権利擁護」である。つまり、前述した5Hに、⑥Human rights（人権）を加えなければならない。

　保育士や子ども家庭福祉関係者は、サービス利用児・者はもちろんのこと、職場の同僚・部下・上司、また、地域社会や市民に対して、常に鋭い感覚でHuman rights（人権）を意識し、その人たちの人権や権利をまもっていくことが必要とされるのである。

1　子どもの権利とは

1．子どもの権利について考える

　今日、世界では、戦争、貧困、飢え、病気、不衛生、公害、差別などの社会的要因により子どもたちのかけがえのない生命や健康、発達保障の権利が脅かされている。

　わが国においても、少子・高齢社会、核家族化などによる、家庭基盤や地域社会の変化によって、子どもたちの被虐待、不登校、家庭内暴力、いじめ、性非行などが深刻な社会問題になっている。特に、子どもの健全な成長や発達の権利を侵害する行為が、保護者等によって故意に行われる子ども虐待が増加し、緊急に対応を迫られる状況になっている。

　例えば、平湯真人編『施設でくらす子どもたち』（第2版）のなかに、児童養護施設[※1]で生活していた子どもたちが県知事あてに出した手紙がある。

※1　児童養護施設の概要については、第5章p.78参照。

「私達は以前から園長先生による『虐待』を受けてきました。叱られれば『たたく』のはもちろん、やがて"殴る""蹴る"に変わり、最後には"竹刀で叩く""ハサミをあてて実際傷つける""包丁で足を傷つける"と言ったように、身体を傷つけられることも多くありました。(中略) その間、私達は恐怖のあまり何も言えなくなります。何か一言でも言おうものなら、言えば言うほど殴られ、蹴られ、ボコボコにされました」

　これは、千葉県のある児童養護施設で、施設長による子どもの権利侵害がかねてよりなされており、ある日、勇気ある子どもたちが県知事あてに出した手紙が発端となり、子どもの人権侵害が社会の明るみに出た事件である。
　本来、児童福祉施設で生活している子どもたちは、家庭で生活する子どもたちと同じように、日常生活において「安心」「安全」「愛」を保障され、個々の自己実現に向けて支援されるのが普通である。しかし、この施設では、それらはまったく無視され、子どもたちの人権は侵害され、大人の所有物とされていたのである。つまり、この施設では「子どもの権利」の保障や「権利擁護」といった大切なシステムはまったく機能していなかった。
　保育士をめざすみなさんにとって、グローバルな視野に立って、世界の子どもたちの人権を考えることは、とても大切で意義がある。同様に、わが国においても家庭、学校、地域、児童福祉施設等における「子どもの権利」についても、人権意識をもって子どもたちの自己実現(ウェルビーイング)を支援することが望まれる。

2．子どもの権利と法律、宣言

　ここでは、子どもの権利に関係する代表的な法律・宣言である日本国憲法、こども基本法、児童福祉法、児童憲章において、どのように子どもの権利について述べられているかをみていこう。

(1)　日本国憲法（1946（昭和21）年制定）
　子どもの権利を考える際、何よりもまず確認しなければならないのが、日本国憲法である。日本国憲法では、「国民主権」「平和主義（戦争放棄）」「基本的人権の尊重」を基本の三本柱としている。とりわけ、基本的人権の尊重を定めていることは、人権を考える点において大きな意義がある。ここでは、特に社会福祉に深くかかわっている憲法第25条と憲法第13条をみてみる。

憲法第25条　人間らしく生きる権利

> ①　すべて国民は、健康で文化的な最低限度の生活を営む権利を有する。
> ②　国は、すべての生活部面について、社会福祉、社会保障及び公衆衛生の向上及び増進に努めなければならない。

①では、健康で文化的な最低限度の生活を営むのは、国民の権利であることを謳い、これは一般的に「生存権」といわれている。つまり、人間らしく生きる権利である。②では、①の人間らしく生きる権利を保障するために、国は、国民に対して責任をもち、生活に深くかかわる社会福祉や社会保障、公衆衛生の向上に努める義務があることを明確に謳っている。

憲法第13条　自分らしく生きる権利

> すべて国民は、個人として尊重される。生命、自由及び幸福追求に対する国民の権利については、公共の福祉に反しない限り、立法その他の国政の上で、最大の尊重を必要とする。

これは憲法第25条の、国は人間らしく生きる権利を保障することに対して、全体的な国家ではなく、国民一人ひとりにおいては個人として「幸福追求権」をもっており、かつ尊重されているということを謳っている。つまり、国民は、一人ひとりが自分らしく生きる権利をもっているということなのである。

このように、日本国憲法では、第25条と第13条によって、「国民は、人間らしく、そして自分らしく生きる権利を有する」ことを明確に謳っている。そして、このことは、大人と子どもの区別なくすべての国民に関係しており、社会福祉を考える上での基本的な権利となっている。

(2)　こども基本法（2022（令和４）年制定）

こども家庭庁の設置と相まって、国の関係省庁、地方自治体において進められてきた、こどもに関する基盤となるものとして、基本理念や基本事項を明らかにし、こども施策を社会全体で総合的かつ強力に実施していくための包括的な基本法として制定された。

こども基本法第１条　目的

> この法律は、日本国憲法及び児童の権利に関する条約の精神にのっとり、次代の社会を担う全てのこどもが、生涯にわたる人格形成の基礎を築き、自立した個人としてひとしく健やかに成長することができ、心身の状況、置かれている環境等にか

かわらず、その権利の擁護が図られ、将来にわたって幸福な生活を送ることができる社会の実現を目指して、社会全体としてこども施策に取り組むことができるよう、こども施策に関し、基本理念を定め、国の責務等を明らかにし、及びこども施策の基本となる事項を定めるとともに、こども政策推進会議を設置すること等により、こども施策を総合的に推進することを目的とする。

　これまで、子どもに関するさまざまな施策が実施されたが、少子化の進行等に、歯止めがかからない現状がある。一方、子ども虐待相談や不登校の件数が過去最多になるなど、子どもを取り巻く状況は深刻で、コロナ禍がそうした状況に拍車をかけている。そこで、常に子どもの最善の利益を第一に考え、子どもに関する取り組みや政策を、社会の真ん中に据えて、社会全体で強力に進めていくことが急務であるとしている。

　第3条ではこども施策を実行するうえでの基本理念を定めている。第1号から第4号においては、「児童の権利に関する条約」のいわゆる4原則、「差別の禁止」「生命、生存及び発達に対する権利」「児童の意見の尊重」「児童の最善の利益」の趣旨を踏まえ、規定されている。加えて、子どもの養育を担う大人や社会環境に係る規定として、第5号ではこどもの養育について、第6号では子育てについて、それぞれ定められている。

　なお附則として、国は、施行後5年を目途として、基本理念にのっとったこども施策の一層の推進のために必要な方策を検討するとしている。

(3)　児童福祉法 (1947 (昭和22) 年制定)

　この法律の制定前、子どもたちは、戦前の天皇制国家における「健兵健民」の育成思想による児童保護や育成をされていたが、戦後の平和憲法では、子どもの健全育成や福祉の増進といわれる新しい「児童福祉」の理念のもとに立ち、子どもたちが健やかに育成されると位置づけられた。これは、当時、画期的な転換であった。

　その後、2016 (平成28) 年に改正され、主な改正のポイントとして、児童福祉法の理念の明確化があげられた。

児童福祉法第1条　児童福祉の理念

　全て児童は、児童の権利に関する条約の精神にのっとり、適切に養育されること、その生活を保障されること、愛され、保護されること、その心身の健やかな成長及び発達並びにその自立が図られることその他の福祉を等しく保障される権利を有する。

　このように、子どもの権利条約の精神が明確に謳われている。また、同法2条で同じく子どもの権利条約で重要なキーワードである児童の最善の利益（子どもの立場から何が最もよいことかを考慮してくれる世界）が謳われており、児童の権利が重要視された。さらに、第3条では、第1条「適切な養育を受け、健やかな成長・発達や自立等を保障される権利」と第2条「児童の最善の利益」の2つを児童の福祉として保障するための原理とし、この原理は、すべて児童に関する法令の施行にあたって、常に尊重されなければならないとしている。

（4）　児童憲章（1951（昭和26）年宣言）

　児童憲章は、すべての子どもの幸福を図るために、子どもの基本的人権を社会全体が自覚、確認し、その実現に努力する目的でつくられた12か条の文章である。

　1949（昭和24）年、中央児童福祉審議会で制定する案が出て、児童憲章制定準備委員会を設立、1951（同26）年には、55名で構成された児童憲章草案準備会によって草案が練られた。この草案を、内閣総理大臣が国民各層から選んだ協議員からなる児童憲章制定会議に提出し、その決議を経て、こどもの日に宣言された。

児童憲章

　われらは、日本国憲法の精神にしたがい、児童に対する正しい観念を確立し、すべての児童の幸福をはかるために、この憲章を定める。
　児童は、人として尊ばれる。
　児童は、社会の一員として重んぜられる。
　児童は、よい環境のなかで育てられる。
1　すべての児童は、心身ともに、健やかにうまれ、育てられ、その生活を保障される。
2　すべての児童は、家庭で、正しい愛情と知識と技術をもって育てられ、家庭に恵まれない児童には、これにかわる環境が与えられる。
3　すべての児童は、適当な栄養と住居と被服が与えられ、また、疾病と災害からまもられる。
4　すべての児童は、個性と能力に応じて教育され、社会の一員としての責任を自主的に果すように、みちびかれる。
5　すべての児童は、自然を愛し、科学と芸術を尊ぶように、みちびかれ、また、道徳的心情がつちかわれる。
6　すべての児童は、就学のみちを確保され、また、十分に整った教育の施設を用意される。
7　すべての児童は、職業指導を受ける機会が与えられる。
8　すべての児童は、その労働において、心身の発育が阻害されず、教育を受ける

機会が失われず、また児童としての生活がさまたげられないように、十分に保護
　　　される。
　　9　すべての児童は、よい遊び場と文化財を用意され、わるい環境からまもられる。
　　10　すべての児童は、虐待、酷使、放任その他不当な取扱からまもられる。
　　　あやまちをおかした児童は、適切に保護指導される。
　　11　すべての児童は、身体が不自由な場合、または精神の機能が不十分な場合に、
　　　適切な治療と教育と保護が与えられる。
　　12　すべての児童は、愛とまことによって結ばれ、よい国民として人類の平和と文
　　　化に貢献するように、みちびかれる。

　このように、前文で大人と同じように子どもも人間として尊ばれることを謳っており、人間は生まれながらにして尊厳ある存在として位置づけている。

　また、本文では、家庭のあり方、子どもの保護、子どもに対する社会のあり方、教育を受ける権利、児童家庭福祉の目的などがあげられている。

　最後の「すべての児童は、愛とまことによって結ばれ、よい国民として人類の平和と文化に貢献するように、みちびかれる」のところは、この児童憲章の性格を簡潔にまとめている。つまり、すべての子どもの幸福を図るために、子どもの基本的人権を社会全体が自覚、確認し、その実現に努力するのが最終目的となっているのである。

　また、児童憲章は、1959年の国連の児童権利宣言以前に作成されている。このことは、とても意義深く、世界に誇れる美しい憲章である。

3．子どもの権利条約の背景と子ども家庭福祉関係者への影響

　スウェーデンの女性評論家エレン・ケイは、20世紀は「児童の世紀」となるであろうと述べた。

　その20世紀後半の1989年11月20日に子どもの権利条約（Convention on the Rights of the Child　正式には「児童の権利に関する条約」。以下、本章では「子どもの権利条約」で記述）は、国際連合にて採択された。最初の批准国は、ガーナ（1990年2月批准）であり、わが国は、109番目として1990（平成2）年9月21日に署名をし、その後、1994（同6）年4月22日に158番目として批准をし、1994年5月22日に条約第2号として発効した。2023（令和5）年5月現在、アメリカ以外の196か国が条約締約国となっている。この条約の特徴は、基本的に、大人に認めているものを子どもにも認めていこうという姿勢であり、権利主体として子どもを位置づけているところに大きな意義がある。

　その後、特に補足し、見直すべき点があるとして次の3つの選択議定書が作成されている。「児童の売買、児童買春及び児童ポルノに関する児童の権

利に関する条約の選択議定書」「武力紛争における児童の関与に関する児童
の権利に関する条約の選択議定書」（2つとも2000年5月に国連で採択）、「通報
手続に関する子どもの権利条約選択議定書（日本ユニセフ協会訳）」（2011年12月
に国連で採択）である。

(1)　「子どもの権利条約」採択に至るまでの歴史

　ここで簡単に、「子どもの権利条約」が採択されるまでの歴史的経過をみ
てみる。

●1909年　米、第1回白亜館会議（White House Conference on Children）

　開会挨拶でルーズベルト大統領は「児童を育成することは、明日の国民を
育成することである」と述べている。その後、1930年フーバー大統領時代の
第3回白亜館会議でChildren's Charter（アメリカ児童憲章）を採択した。この
憲章には人種、皮膚の色、境遇等を問わずすべての子どもの権利が明記され
た。

●1914〜1918年　第1次世界大戦

　多くの被害を子どもたちにもたらす。子どもたちは、親・住まい・教育を
受ける機会・生活の安定を失う。

●1919年　国際連盟設立

　規約第23条において、婦人・子どもの売買禁止を規定する。

●1924年　国際連盟・児童の権利に関するジュネーヴ宣言

　前文に、すべての国の男女は、子どもに対して最善のものを与える義務を
負うことを認め、子どもを緊急に救済し保護するための5原則を掲げた。

　①　子どもは心身の正常な発達に必要な手段を与えなければならない。

　②　飢え、病気、発達遅滞、非行、孤児、浮浪児などはその状態に応じて
　　　援助されなければならない。

　③　危難に際して最初に救済を受けるのは子どもである。

　④　子どもの生活保障と搾取からの保護。

　⑤　子どもの才能は人類のために捧げられる自覚のもとに育てなければな
　　　らない。

　この宣言は抽象的で具体性に乏しいが、第1次世界大戦の反省を込めたも
ので、子どもの権利についての宣言が世界で初めて出された意義は大きい。

●1939〜1945年　第2次世界大戦　国際連合設立

●1948年　国際連合・世界人権宣言（Universal Declaration of Human Rights）採択

●1952年　第1回子どもを守る国際会議開催

ウィーンにおいて64か国、約600人が参加し、毎年、6月1日を国際子どもデーとし、子どもの権利をまもるには平和（反戦）、民族の独立、自由と民主主義の擁護を徹底した。

●**1959年　国際連合・児童権利宣言（第14回総会採択）**

反戦平和と民主主義を基底として、基本的人権と人間の尊厳を確認し、世界人権宣言の無差別の権利の上に立っている。

つまり、子どもの権利が戦争と激しく対立し平和と強く結びついていること、子どもの権利のみならず人間のさまざまな側面における権利が深められ、人権一般の歴史のなかで位置づけられてきたこと、子どもの権利を擁護する主体が運動して展望を切り拓いてきたことなどを読み取れる。

●**1978年　ポーランド、国連人権委員会に「子どもの権利条約」草案を提出**

●**1979年　国際児童年**

国連人権委員会、子どもの権利条約についての作業部会を設置する。

●**1986年　国際連合「国内の又は国際的な里親委託及び養子縁組を特に考慮した児童の保護及び福祉についての社会的及び法的な原則に関する宣言」を採択**

●**1989年11月20日　国際連合　「子どもの権利条約」を採択**

以上、これらの歴史的事実を通して、「子どもの権利条約」は、大きな戦争の悲劇を基底として宣言から条約へという過程を踏んできた。このことについて花村春樹・北川清一は、『児童福祉施設と実践方法』のなかで、「国際連盟、国際連合によって作成されてきた諸権利宣言はあくまで宣言にすぎなかったが、『子どもの権利条約』は法的拘束力をもつ実効的な国際条約であるという点をあげよう。このことは、人類の歴史のなかで確認されてきた子どもの権利が国際的なレベルで本格的に確立したといえる」と述べている。

つまり「条約」とは、国家と国家の文書による契約をいい、憲法に定める手続きを経ることにより国内法としての効力をもつものであるとされている。

また、日本国憲法第98条第2項に「日本国が締結した条約及び確立された国際法規は、これを誠実に遵守することを必要とする」とあり、「条約」は法律に優先し、憲法に準ずる効力をもち、まさしく「宣言」ではなく「条約」の効力である。

保育士をめざすみなさんや子ども家庭福祉関係者は、ただ単に「批准し、発効した」では終わらないものとなっていることを自覚しなければならない。

(2)　子どもの権利条約の概要

この条約は前文と3部54条で構成されている。条約には、必ず前文がつい

てくる。これは、条約締結国に対しての合意という意味である。しかし、この前文自体には、法的拘束力はない。

さて内容についてであるが、「第Ⅰ部」は条約の実体規定で、「第Ⅱ部」は条約締結国の義務についてであり、「第Ⅲ部」はその方法についてである。

条文の主なものとして、以下のようなものがある。

① 第2条「差別の禁止」

　すべての子どもが差別なく大切にされる世界

② 第3条「子どもの最善の利益」

　子どもの立場から何が最もよいことかを考えてくれる世界

③ 第12条「意見表明権」・第13条「表現・情報の自由」・第14条「思想・良心・宗教の自由」

　すべての子どもが自由に考え、自由に意見を述べ、自由に集える世界

④ 第19条「親による虐待、放任、搾取からの保護」

　子どもが暴力の犠牲とならない世界

⑤ 第20条「家庭環境を奪われた子どもの養護」・第21条「養子縁組」・第22条「難民の子どもの保護、援助など」

　不幸な境遇にある子どもたちに救いの手が差し伸べられる世界

⑥ 第24条「健康・医療への権利」・第28条「教育への権利」・第31条「休息、余暇、遊び、文化的、芸術的生活への参加」

　すべての子どもが遊び、学び育っていくことができる世界

前述したが、この条約は基本的には、大人に認めているものを子どもにも認めていこうという姿勢である。

第3条の子どもの最善の利益（The Child's Best Interests）は、子どもに関係のあるすべてのことは、大人の都合で勝手に決めずに、何が子どもにとって幸福なのかを常に考えなければならないとしている。

次に、第12条の意見表明権（The Right to Express those Views）。これは、誰もが自分の考えをもっており、大人は、子どもがそれを自由にいえる環境を提供し、話を聞いて、アドバイスしていくことが大切であるとしている。

また、第12条の訳であるが、（Opinion）ならば、「意見」で構わないが、この場合（Views）を「意見」と訳すべきものなのか、少しニュアンス的に疑問を感じている。このことについて、高橋重宏は「自己見解表明権」と表現しており、このほうが、子ども個人の将来展望を含んだ訳語であり、子ども家庭福祉関係者には、非常にわかりやすい。

いずれにしても、18歳未満の、すべての子どもの保護と基本的人権の尊重と最善の利益の実現を目的としたこの条約は、子ども家庭福祉関係者には、

従来の単なる客体的な「児童保護、育成」の機能から、子ども主体の「児童援助サービス」の機能をもつべきであることを十分に示唆している。

　ゆえに、「子どもの最善の利益」と「意見表明権」は、保育士をめざすみなさんや子ども家庭福祉関係者にとって、大きな課題なのである。

2　子どもの権利をまもる取り組み（権利擁護）

1．権利擁護の意味

(1)　権利擁護とは

　さまざまなサービスを活用している利用児・者が、自己の権利やニーズを表明するのが困難なときに、本人にかわって弁護・擁護することを権利擁護という。時として、アドボカシー（Advocacy）と呼ばれることもある。

　また、権利擁護の活動は、大きく次の2つに分かれる。

①　利用可能なサービスを利用できないときにできるよう促進したり、サービス利用中に苦情・不服を申し立てたり、またそのことに介入するパターン。

②　ソーシャルアクション（社会活動法）として社会的に不利益を受けている集団の権利やニーズを代弁し制度を充実させる活動パターン。

　前者をケースアドボカシー（Case Advocacy）、後者をシステムアドボカシー（System Advocacy）という場合もある。

(2)　子どもの権利擁護事業

　わが国で行われている子どもに関する権利擁護事業の内容体系について、山本真美は、『子どもの権利と情報公開』のなかで①健全育成系、②教育系、③子育て家庭支援系、④要保護児童の自立支援系、⑤人権意識啓発系の5つに分けている。

　さらに、これらを具体的な活動別に分類し、整理してみると、以下の4つにまとめられる。

1）相談（教育相談、いじめ相談、不登校相談、虐待相談、健全育成相談など）
2）啓発、情報公開（子どもの権利啓発、権利ノート作成、子どもの人権講座など）
3）社会参加、意見表明（子ども会議、子どもオンブズパーソン、まちづくりなど）
4）ネットワーク（子育てネットワーク、虐待防止ネットワーク、地域ネットなど）

２．子どもの権利擁護の実際

　代表的な子どもの権利擁護事業を紹介する。国際的なユニセフから児童福祉施設等を利用する子どもたちの権利擁護までさまざまである。

⑴　ユニセフ（国連児童基金：United Nations Children's Fund）

　国連国際児童緊急基金（UNICEF）として戦後の子どもの緊急救済が目的であったが、1953年に国連児童基金に改称し、一般的な児童福祉、特に開発途上国や自然災害、内乱地域における子どもの健康、栄養、保健、医療、教育に関するさまざまな国際的援助活動をしている。

　1996年、ユニセフは創立50周年を機に「子どもの権利条約」を規範とした「The Mission of UNICEF（ユニセフの使命）」を採択した。内容は、子どもの「ニーズ」に対応するだけではなく、「権利」を保障していくという使命である。

　また、「世界子供白書」を発行し、5歳未満で死亡する子どもの報告や、少年兵として戦争に参加している子どもの実態、開発途上国における児童労働についてなどを調査報告し、国際的視点で子どもたちを権利擁護している。

⑵　オンブズパーソン制度

　公的制度等に対し、市民的立場で監視し苦情を申し立てたり対応を図る人々のことをオンブズパーソンという。以前はオンブズマンと呼ばれていたが、ジェンダー（性差）視点によりオンブズパーソンが一般化されつつある。わが国では国の制度としてのオンブズパーソン制度はないが、地方自治体や民間団体には導入されつつある。

　子どもオンブズパーソンとしては、子ども相談・関係調査や救済活動を独自に行っている兵庫県の「川西市子どもの人権オンブズパーソン制度」や神奈川県の「かながわ子どもの人権審査委員会」などがある。

⑶　相談（面接・電話）、ネットワーク、啓発事業

　子どもに関するさまざまなことを面接や電話で受け付け、相談している。また、場合によっては相談だけでなく、具体的に権利擁護をシステム化するために各関係機関、団体と調整するネットワーク団体も構築されている。

　例えば、「子どもの人権110番」と「弁護士会」、愛知県の「CAPNAホットライン」と「子ども虐待防止ネットワーク・あいち」、大阪府の「子どもの虐待ホットライン」と「大阪児童虐待防止協会」などである。

　また、啓発事業として「CAPセンター・JAPAN」は、Child Assault

Prevention（子どもへの暴力防止）をプログラム化し、各地で講座、研修会を開催し、子どもの権利擁護を啓発・推進している。

⑷　子どもの権利ノート

　「子どもの権利条約」発効後、大阪府では、条約の精神に基づき1995（平成7）年に施設に入所する子どもの手引書として、その権利を知らせることを目的に『子どもの権利ノート』を作成、発行した。施設職員の研修を重ねた後、児童養護施設などに入所している子ども全員に配布した。

　内容は、以下のように、子どもがわかりやすいタイトルで構成されている。

　最後のタイトルのところには担当の子ども家庭センター名と電話番号、担当ケースワーカーの氏名、子どもと家庭電話相談室の電話番号が個人で記入できるようになっており、第三者機関が権利擁護できるようになっている。

　つまり、子どもを権利の主体として位置づけ、子どもの意見表明権や知る権利を保障し、第三者の参加による苦情解決をシステム化している。

『子どもの権利ノート』の主なタイトル

- ・どうして施設で生活しなければならないの
- ・自分の意見を言おう
- ・たたかれたり、いじめられたりすることはないの
- ・手紙や大切にしているもの、秘密にしておきたいことを守ってもらえるの
- ・自分のことを誰も聞いてくれなければ、どうしたらいいの

　また、このノートの発行以降、全国の都道府県、政令指定都市で子どもの権利ノートが作成されている。課題として、子どもの権利ノートに対する児童福祉施設職員の理解や認知は高いが、入所している子どもの理解や認知が低いことや、入所している子どもと児童相談所職員との関係があまりとれていないため、権利について相談しにくいことなどがあげられている。

⑸　苦情解決の仕組みの導入

　社会福祉事業法が2000（平成12）年6月に社会福祉法に改正された。主な改正の内容として、福祉サービスの利用制度化、利用者の利益の保護、福祉サービスの質の向上、社会福祉事業の範囲の拡充などがあげられる。

　福祉サービスの利用者は、サービスに不満があるとき、事業者に対して苦情（意見）を申し出ることができる。また、第三者が加わった苦情解決の仕組みの整備や解決が困難な場合に備え、各都道府県社会福祉協議会に、苦情解決のための委員会（運営適正化委員会）を設置することになっている。

⑹　第三者評価事業

　「ケア基準」「サービス自主評価基準」「福祉サービスに関する苦情解決の仕組み」に継ぐ、児童福祉施設サービスの質の向上のための方法として、2002（平成14）年度より「第三者評価事業」が導入された。

　これは、社会福祉法第78条（福祉サービスの質の向上のための措置等）に対する措置で、同法は次のように定めている。

社会福祉法第78条

> 　社会福祉事業の経営者は、自らその提供する福祉サービスの質の評価を行うことその他の措置を講ずることにより、常に福祉サービスを受ける者の立場に立つて良質かつ適切な福祉サービスを提供するよう努めなければならない。
> 　2　国は、社会福祉事業の経営者が行う福祉サービスの質の向上のための措置を援助するために、福祉サービスの質の公正かつ適切な評価の実施に資するための措置を講ずるよう努めなければならない。

　これを受けて、児童福祉施設は、時代のニーズに合った福祉サービスの質の公正かつ適切な評価を受ける努力をする必要が生じた。

　また社会的養護に関する施設における第三者評価は、2012（同24）年度から、3年に1度評価を受け、かつその結果を公表することが義務づけられた。また、第三者評価を受審しない年は、社会的養護の職員等による自己評価を毎年実施することが求められる。社会的養護関係施設の第三者評価基準は、原則として全国共通のものとし、種別毎に評価基準が設けられている。

　第三者評価事業とは、まず施設がこれまで子どもたちや保護者に提供してきた援助や支援内容について自己評価する。そして、施設を利用している子どもたちや保護者からもアンケートによる評価を受ける。さらに、これらをふまえて調査者である専門家により、専門的・客観的な評価を受けサービスの質を高めていくものとされている。これは、児童福祉施設の設備及び運営に関する基準による行政監査ではなく、あくまでもニーズに合ったサービス水準の向上が目的とされているのである。

　具体的な評価の流れとして、とうきょう福祉ナビゲーションの具体的な評価（図2-1）がある。

　この福祉サービス第三者評価機関のより充実した実施体制の整備・確立と、それが施設を利用する子どもたちの「権利擁護」につながり、福祉サービスの質の向上になることが期待される。

図2－1　第三者評価事業の流れ

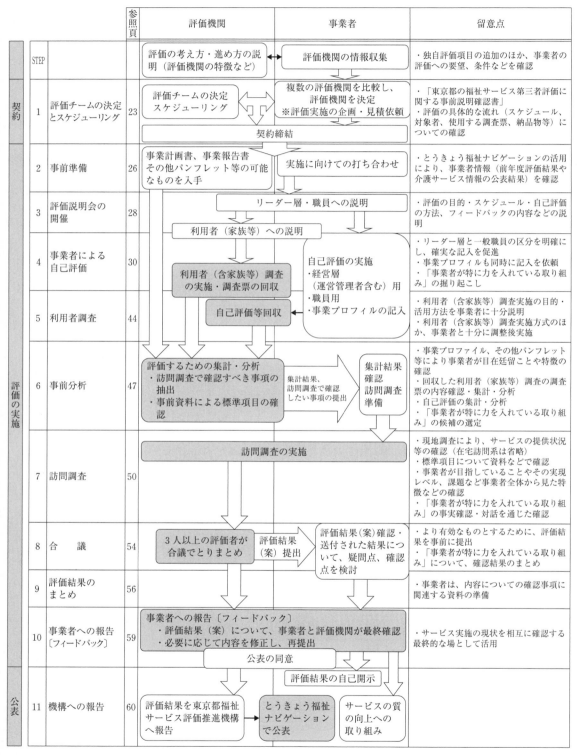

		参照頁	評価機関	事業者	留意点
契約	STEP		評価の考え方・進め方の説明（評価機関の特徴など） ⟷	評価機関の情報収集	・独自評価項目の追加のほか、事業者の評価への要望、条件などを確認
	1	評価チームの決定とスケジューリング	23	評価チームの決定スケジューリング	複数の評価機関を比較し、評価機関を決定 ※評価実施の企画・見積依頼	・「東京都の福祉サービス第三者評価に関する事前説明確認書」 ・評価の具体的な流れ（スケジュール、対象者、使用する調査票、納品物等）についての確認
				契約締結		
評価の実施	2	事前準備	26	事業計画書、事業報告書その他パンフレット等の可能なものを入手	実施に向けての打ち合わせ	・とうきょう福祉ナビゲーションの活用により、事業者情報（前年度評価結果や介護サービス情報の公表結果）を確認
	3	評価説明会の開催	28	リーダー層・職員への説明		・評価の目的・スケジュール・自己評価の方法、フィードバックの内容などの説明
				利用者（家族等）への説明		
	4	事業者による自己評価	30	利用者（含家族等）調査の実施・調査票の回収	自己評価の実施 ・経営層（運営管理者含む）用	・リーダー層と一般職員の区分を明確にし、確実な記入を促進 ・事業プロフィルも同時に記入を依頼 ・「事業者が特に力を入れている取り組み」の掘り起こし
	5	利用者調査	44	自己評価等回収	・職員用 ・事業プロフィルの記入	・利用者（含家族等）調査実施の目的・活用方法を事業者に十分説明 ・利用者（含家族等）調査実施方式のほか、事業者と十分に調整後実施
	6	事前分析	47	評価するための集計・分析 ・訪問調査で確認すべき事項の抽出 ・事前資料による標準項目の確認	集計結果、訪問調査で確認したい事項の提出 → 集計結果確認訪問調査準備	・事業プロファイル、その他パンフレット等により事業者が目指す姿のことや特徴の確認 ・回収した利用者（家族等）調査の調査票の内容確認・集計・分析 ・自己評価の集計・分析 ・「事業者が特に力を入れている取り組み」の候補の選定
	7	訪問調査	50	訪問調査の実施		・現地調査により、サービスの提供状況等の確認（在宅訪問系は省略） ・標準項目について資料などで確認 ・事業者が目指していることやその実現レベル、課題など事業者全体から見た特徴などの確認 ・「事業者が特に力を入れている取り組み」の事実確認・対話を通じた確認
	8	合議	54	3人以上の評価者が合議でとりまとめ → 評価結果（案）提出	評価結果（案）確認・送付された結果について、疑問点、確認点を検討	・より有効なものとするために、評価結果を事前に提出 ・「事業者が特に力を入れている取り組み」について、確認結果のまとめ
	9	評価結果のまとめ	56			・事業者は、内容についての確認事項に関連する資料の準備
	10	事業者への報告〔フィードバック〕	59	事業者への報告〔フィードバック〕 ・評価結果（案）について、事業者と評価機関が最終確認 ・必要に応じて内容を修正し、再提出		・サービス実施の現状を相互に確認する最終的な場として活用
				公表の同意		
					評価結果の自己開示	
公表	11	機構への報告	60	評価結果を東京都福祉サービス評価推進機構へ報告	とうきょう福祉ナビゲーションで公表	サービスの質の向上への取り組み	

出典　とうきょう福祉ナビゲーション「東京都福祉サービス第三者評価ガイドブック2023」p.22
　　　https://www.fukunavi.or.jp/fukunavi/hyoka/document/guidebook2023.htm

〈引用・参考文献〉

岡本民夫『福祉職員―研修のすすめ方』全国社会福祉協議会　1988年

平湯真人編『施設でくらす子どもたち 第 2 版』明石書店　1999年

永井憲一・寺脇隆夫編『解説・子どもの権利条約 第 2 版』日本評論社　1994年

花村春樹・北川清一編『児童福祉施設と実践方法』中央法規出版　1994年

高橋重宏編著『子どもの権利擁護―神奈川県の新しいとりくみ』中央法規出版　2000年

古川孝順編『子どもの権利と情報公開』ミネルヴァ書房　2000年

一番ヶ瀬康子監修　片居木英人『社会福祉における人権と法』一橋出版　2001年

荒牧重人編『アジアの子どもと日本』明石書店　2001年

ユニセフ編『世界子供白書 2021』㈶ユニセフ協会　2022年

入江実・辰己隆編『児童福祉―理論と実際』さんえい出版　1999年

一般社団法人全国保育士養成協議会「調査について」

http://hoyokyo.or.jp/hyk/research/index.html

とうきょう福祉ナビゲーション「東京都福祉サービス第三者評価ガイドブック2023」2023年

コラム　ユニセフ『世界子供白書2021』より

　2021年世界子供白書のテーマは、「子どもたちのメンタルヘルス―子どものメンタルヘルスを促進し、保護し、ケアするために―」とある。

　冒頭で、世界中の子どもたちが、教室から締め出され、外出もできず、友達と遊ぶという日常の喜びを奪われている。これらはすべて、COVID-19のパンデミックによるものである。また、何百万もの家族が生活の糧を得ることができず、貧困に陥っている。児童労働、虐待、ジェンダーに基づく暴力が増加していると。

　主要なメッセージからは、

・10～19歳の若者の13％以上が、世界保健機関（WHO）が定義するこころの病気の診断を受けていると推定されている。人数としては、15～19歳の若者が8,600万人、10～14歳の若者が8,000万人に相当する。

・こころの病気と診断されている人の割合は、中東・北アフリカ、北米、西ヨーロッパの各地域で最も高くなっている。こころの病気と診断されているもののうち、不安やうつが約40％を占め、その他には、注意欠陥・多動性障害（ADHD）、行為障害、知的障害、双極性障害、摂食障害、自閉症、統合失調症、パーソナリティ障害などがある

・COVID-19のパンデミックがメンタルヘルスに与える影響についても、懸念が広がっている。調査によると、子どもや若者の間で、ストレスや不安が増加していることがわかっている。また、養育者、特に若い母親のメンタルヘルスも憂慮されている。

　などが報告されている。

　ユニセフのホームページより検索、閲覧できるので、保育士をめざす人は、ぜひ、一読してほしい。

　数字の裏に見える子どもたちの状況が理解でき、子どもの権利についてグローバルな視点での考察ができる。

▶ ▶ ▶ 子ども家庭福祉の成り立ち ◀ ◀ ◀

キーポイント

　　ここでは、子ども家庭福祉の歴史を振り返って、現代に至るまでの経過をたどってみたい。現代では福祉国家と呼ばれるイギリスにおいても、中世では囲い込み運動による浮浪児童が増加し、産業革命期には子どもが安価な労働力として搾取される悲惨な時代が続いた。一方、わが国における児童観は、古代・封建社会において、仏教的な思想を背景とする慈善事業は存在したが、子どもの社会的地位は低く、奉公に出されるなど「働き手としての児童」であった。

　　「児童」という単語は「頭蓋骨の軟らかい者」という語源であり、それは社会的に教育され、保護される存在としての「子ども」ではない。しかし、1947（昭和22）年の児童福祉法の成立を契機に、児童は「子ども」としての位置づけが確立された。

　　1960年代の「豊かな時代」では家族ライフスタイルのアメリカ化が進む一方で、女性の就労欲求の高まりとともに保育所運動が進んだ。現在、わが国では少子化が深刻化しているなかで、安心して子どもを生み育てるための子育て環境の改善をめざして多様な保育サービスが模索されつつある。

1　欧米における子ども家庭福祉の成り立ち

1．イギリスにおける救貧対策としての児童救済

(1)　絶対王政下における貧窮児童

　11世紀末ころの安定した封建社会では、商業活動が活発に行われ、商業ギルド、手工業ギルドが発生した。このギルドでは相互扶助による共存が成り立っていた。しかし、封建社会が崩壊すると、毛織物工業の材料を輸出するための領主による囲い込み（エンクロージャー）が進み、都市部ではギルドも衰退していった。これによって農民は土地から追放され、領主からの保護を失い、生活に困窮した。土地を奪われ、浮浪貧民となった農民は都市へと流

出し、孤児や貧困児童の数はまたたく間に増えた。多くの子どもは浮浪児童
となり物乞いや窃盗を繰り返し、社会的不安が増大した。

　1601年にはイギリス絶対王政期エリザベスⅠ世の治下において、世界最初
の救貧法として知られる「エリザベス救貧法」が制定された。しかし、この
エリザベス救貧法は救済というよりも社会秩序安定のための抑圧を狙いとし
たもので、徒弟制度によって貧困児童に労働義務を強制した。これは1834年
に新救貧法が制定されるまで基本法であった。

　このエリザベス救貧法では、エンクロージャーや凶作によって増大した貧
民に対応するため、貧民を労働力の有無によって区分した。そこでは労働能
力のある者には強制就労させ、労働能力のない者には扶助を与え、子どもは
徒弟奉公に出すという具体的な方策を打ち出した。子どもの場合、幼い乳幼
児は、「無能貧民」として扱われ、浮浪者や病人などと混同して不衛生な施
設に収容されたため、多くの乳幼児が死亡した。

　ただ、このエリザベス救貧法は、子どもに就労斡旋をし、教区徒弟という
形で自活の道を開いたことは評価される。しかし同時に子どもの労働搾取に
つながったこと、また貧窮児童と非行児童が混同されたことなど、問題点も
多かった。

(2)　産業革命期における子ども

　産業革命時代には、機械化と工場化が進み、子どもは安価な労働力として、
工場に送り込まれることになった。一般に４、５歳になると奉公に出され、
孤児は労役場に収容されたという。1722年に「労役場テスト法」が制度化さ
れて以来、孤児や貧困児童は「労役場（work-house）」で集団雇用された。こ
の労役場は、救援抑制を目的にロンドンを中心に普及した収容施設であり、
子どもにとって徒弟奉公以外の働き先となっていた。ただし、幼児期からの
過酷な労働はしばしば16時間にもわたったという。子どものなかには劣悪な
労働環境のなかで伝染病や栄養失調になり死んでいく者も多くあった。

　このような、あまりの子どもの惨状に将来の労働力の枯渇を案じる声がイ
ギリス議会の児童労働調査委員会からあがった。これを受けて、1782年の「ギ
ルバート法」では児童保護の色彩が増し、1795年の「スピーナムランド制」
では家族員の数に応じて補助金が増額されている。こうして、子どもに「救
済」という名目で労働を強いていたことに対して社会から見直しの声が高
まった。

　1802年に「徒弟法」（教区徒弟の健康および道徳の保持に関する法律）が制定さ
れたのはこのような背景による。児童労働に関して、児童の１日の労働時間

を12時間以内とし、男女による宿舎の分離、宗教教育の実施などがあげられた。大人の従属物、生産力としてのそれまでの児童観を反省し、保護すべき対象として児童の労働を規制する見直しがなされたことは画期的である。この徒弟法は後述する工場法の前駆的形態であるが、それと同時に救貧法の改正という性格をあわせもっていた。しかしこの徒弟法はまだ不完全であり、以後改正を重ねなければ実質的には子どもの労働条件は改善されなかった。

2．欧米諸国における児童保護の成立

⑴　18世紀博愛事業と子ども

　18世紀は博愛事業の時代として知られる。この時期は一般市民の間にも、工場における過酷な児童労働に対する人道主義的反動が広まり、博愛事業（Philanthropy）の波が押し寄せた。18世紀博愛事業は、中世の宗教的な動機を発端とする慈善事業とは異なり、新興ブルジョワジーが中心となり、弱者への哀れみを原動力とする個人の自主的な活動であり、慈善学校活動が徒弟学校、職業学校へと発展し、教育の機会提供への運動となっていった。

　当時、木綿紡績工場を経営していたロバート・オーエンは、子どもの悲惨な労働状況を目の当たりにし、イギリスからこのままでは児童がいなくなってしまうことを危惧していた。オーエンは児童の労働条件の改善、教育の必要性を強調し、人間にとってよりよい環境・教育が与えられるためには社会を改良する必要性があることを唱えた。そしてオーエンは、自分の工場で働く労働者の子どものために、低年齢児童向けの幼児学校である「性格形成学院」を設立した。性格形成学院は現在の保育所の原型といわれている。

　このようなオーエンの児童保護運動の影響もあって、1833年の「工場法」では、最低雇用年齢を9歳とし、13歳児未満の子どもの最長労働時間を9時間とし、子どもの夜間労働を禁止した。また、工場で働くすべての子どもに対して1日2時間の通学を義務づけた。

　この工場法は子どもを「大人のミニチュア」としてでなく、発達途上にある未熟な者という視点をとったことで、新しい児童観を培っていった。

　1834年の「新救貧法」では、全国統一的な救貧行政として院外救済が廃止され、労役場制度が採用された。しかし、新救貧法は「劣等処遇の原則」（レス・エリジビリティの原則）に基づいており、労役場は混合労役場であり、従来の惰民観を残したままの非人間的な処遇であった。この時期には、新救貧法の影響を受けて救貧法学園が設立された。特に1870年にトマス・バーナードの救貧児童を収容する小舎制の児童ホーム「バーナード・ホーム」が先駆

的実践を行った。イギリスで後に発展する里親制度はこの児童ホームをモデルとしている。

　バーナード・ホームは、まず5～9歳までの子どもを里子に出す。里子に出された子どもは12～13歳になると、ホームに戻ってきて職業訓練を受けるというシステムであった。子どもが雇われた後も、雇い主による子どもへの横暴を阻止するためにホームの職員が巡回訪問をするなど、アフターケアサービスまで行き届いていた。

　1869年にはロンドンに慈善組織協会（Charity Organization Society：COS）が設立された。通称COSと呼ばれるこの協会は後にアメリカへ渡り、ケースワークに発展し、アメリカの福祉を形成するもととなる。

　イギリスでは「里親規則」が1870年から制定され、救貧児童の保護は救貧院から里親家庭へと移行した。これは増大する救貧費用を節約しようとの目的も含んでいたが、もともと家庭的な環境で育てられることが子どもにとってよりよい道であるという伝統的な考え方がベースにあった。しかし里親家庭での養育は、時にはクリーブランド事件[1]などの虐待に結びつき、社会的問題となった。

　このような流れで1883年には、リバプールで児童虐待防止協会が結成された。この運動は全国に広がり、1889年には児童虐待防止法および保護法が制定された。社会的に弱い立場である子どもを法律によって保護したのはイギリス児童福祉史上でこれが初めてのことであった。

　このように産業革命期以来、工場で働く子どもの危機的状況により、これまでの児童観における問題点が顕在化したため、その対策として多くの児童保護立法が制定された。これまでは子どもが窃盗を犯した場合にも、絞首刑

※1　クリーブランド事件
　1987年にクリーブランド地方にある総合病院で121人の児童に性的虐待の可能性があったことが判明した事件。

になるなど容赦ない制裁が科せられていたが、ようやく1908年の「児童法」において、犯罪を行った子どもを成人と同様に処罰することはなくなり、児童を14歳未満の者、少年を14歳以上16歳未満の者と年齢によって区切った。そして、罪を犯した児童は、更生の可能性を配慮して授産学校に送致されるようになった。また、少年については懲役刑が禁止され、拘束刑についても矯正学校に送られるなど一定の配慮がなされるようになり、子どもの将来の可能性を重視するようになったのである。

⑵　「小さな大人」からの脱却

　子どもは近代以降になってから社会的に「子ども」という地位を与えられた。このことは1960年にフィリップ・アリエスが著した『〈子供〉の誕生』において記されている。古代・中世社会では、大人は子どもを遺棄しても、殺しても咎めを受けることはなく、子どもは「大人の従属物」でしかなかった。

　近代社会でも、子どもは「労働力としての児童」であり、働き手という意味で「小さな大人」であり続けた。産業化の諸段階では世界各国で子どもが繊維関係の工場で労働を搾取され、健康を害することがしばしばみられた。例えば18世紀のフランスのアミアンでは、4、5歳の幼女が糸紡ぎや糸繰り作業の補助に雇われており、12時間以上も大人と同じように労働させられたという。フランス革命中でも鉱山では男の子は石炭を拾い上げ、女の子は石炭を袋詰めし、狭い坑道を行き来し、危険な労働をさせられたという。これら子どもに対する保護の意識が未熟であったことに社会が徐々に気づくとともに、次代の国民となる子どもを大切にしようという気運が高まる。しかし、子どもの価値を存在そのものにではなく、国の繁栄のための次代の担い手とする手段としてとらえる見方はかわらなかった。

　その後、フランスの啓蒙思想家であるルソーが『エミール』において、今までの子どもを不完全な存在として軽視する風潮に反対し、子どもを子どもとして尊重する思想を唱えた。ルソーの思想は子どもの服装にも影響をおよぼした。それまでは、女子の服装は大人の女性の小型版として、当時の大人の服装同様コルセットなどで締めつけるものであったのに対し、ゆったりとしたものへと変化した。

　スイスでは、1775年にペスタロッチが子どもの個性に応じた指導によってその子どもの潜在能力を引き出すという独自の教育理念をあみ出し、自らの農園を孤児院にかえて幼児教育に専念した。このように子どもの権利への認識が高まり、中世・近代の「受動的な児童」観から脱し、近代以降「権利主

体としての子ども」観へと意識転換が徐々になされていくことになる。

3．欧米諸国における子ども家庭福祉の展開

(1)　アメリカの場合

　19世紀のアメリカは、イギリスの救貧法に強く影響を受けていた。貧困は社会的背景によるのではなく、個人の怠惰によるという認識があった。そのため、貧困問題への救済は普遍的なニーズではなく、特殊なニーズとして扱われがちであった。このようなことからアメリカでは広く国家的な救済政策が立ち後れ、長らく個人による慈善の域を出るものではなかった。

　しかし、1929年の大恐慌によって、大量の失業者を抱えることになったアメリカでは、個人の慈善救済では間に合わなくなり、遅ればせながら社会政策に取り組み始めた。

　1930年代に入り、ルーズベルト大統領下でニューディール政策が行われ、これにより1935年の社会保障法など一連の社会政策がなされた。この「社会保障法」では、子どもを扶養する貧困家庭を対象とした「要扶養児童家族扶助」、いわゆるAFDC（Aid to Families with Dependent Children）が始まった。

　AFDCは親の不在、障害、死亡、失業によって養育を欠く18歳未満の貧困児童の援助を目的とする世帯単位の現金扶助制度である。

　1964年「経済機会法」の「就労経験プログラム」では、AFDC受給の母親も、義務教育就学前児童を抱える場合を除いて、就労や職業訓練の登録を義務づけられた。1965年には「貧困戦争」の一環として、包括的な就学前教育プログラムであるヘッド・スタートが開始された。これは危機的状況にいる家族に対して、乳幼児期より早期教育の充実をめざしたものである。

　1970年代以降、アメリカは徐々に保守へと移行していく。特に1980年代はレーガン大統領がレーガノミクスという独自の経済政策を打ち出し、福祉削減の傾向が強くなる。保育では、レーガン大統領は、「古きよき時代のアメリカに帰ろう」というキャッチフレーズを唱え、保育サービスの外部化の傾向を自粛し、「自立援助型」の社会福祉政策を推し進めていった。これにより、ソーシャルワーカーの関心も直接援助技術中心となった。

(2)　イギリスの場合

　1942年に提出されたベヴァリッジ委員会の報告書の「社会保険および関連サービス」は、1944年の国民保険省法、45年の家族手当法、46年の国民保健サービス法など社会サービスの立法を形成した。これはウィリアム・ベヴァ

リッジの「ゆりかごから墓場まで」という包括的な社会サービスの構想によるものであった。この時代のイギリスは、出生率の低下から「イギリス民族存続」の危機意識が広まり、児童保護が至上命令であった。このことから児童手当は第1子から支給することなどが提案された。

　このベヴァリッジ報告による制度は1961年まで続いた。これにより、福祉国家の名を世界にとどろかせたイギリスであったが、徐々に国の財政は破綻をきたしていった。1980年代になると、レーガン大統領と時期を同じくして、サッチャー保守政権が台頭する。サッチャーはいわゆるサッチャリズムと呼ばれる独自の社会政策を打ち出し、民営化を進めた。そしてサッチャーは「子どもからミルク代を奪った女」という異名を与えられるほど、保健福祉サービス分野を縮小化し、イギリス経済の立て直しを図った。この政府によるフォーマル部門から、インフォーマル部門への重点の移行は安上がり行政という批判を受けながらも、一方では福祉多元化を進めるきっかけとなった。

2　わが国における子ども家庭福祉の成り立ち

1．わが国における児童保護の萌芽

(1)　古代における児童保護

　日本の古代の社会は、血縁関係を基礎とした氏族社会であり、原始共産制（共同でつくった作物などをみんなで共有する社会）であった。そこでの福祉的なかかわりとして、血縁に基づいた連帯感によって相互扶助が行われていた。しかし、自然条件に左右される生産力の弱い社会であったため、社会的弱者である子どもは売られたり、時には殺されたり、特に虚弱児や病児などは自然淘汰された。

　その後伝来した仏教は、聖徳太子の庇護を受け、社会救済事業の形をとって政治のなかに根を下ろしていった。聖徳太子が難波の四天王寺に593年に建立したと伝えられる「四箇院」は施薬・療病・悲田・敬田の4つからなる大きな施設で、わが国の社会事業史の源流といわれる。施薬院は薬草を栽培し、療病院は病人を治療し、悲田院は孤児や飢えた人々を収容し保護した。敬田院は文化的教化事業を行う道場だったという。聖徳太子の重視した理念は、聖武天皇、光明皇后へと引き継がれていった。聖徳太子や光明皇后によるこれらの事業は、仏教徒としての信仰心からなされたばかりではなく、為

政者としての公的立場からなされたものだった。

　階級の差が歴然とし、貧富の差が大きくなると、公的救済制度が718年の「戸令」で規定された。しかしこれらの救済は国家によるものではなく、知人や親類によって地域単位でなされる方法にすぎなかったので、実際には僧侶や尼僧の活動に頼らざるを得なかった。法均尼（和気広虫）による捨て子の養育事業などはその表れである。

　平安時代になっても、制度としての「戸令」は効果が薄かったので、悲田院での孤児の収容に頼っていた。さらに鎌倉時代になると、幕府と御家人をつなぐ忠孝思想が社会の規範となり、そのピラミッド型の封建社会は家族一人ひとりの役割までも縦型の関係として、子どもは親に絶対服従する関係であった。子どもの地位は認められず、単なる労働力とみなされていた。『山椒太夫』の物語にみられるように、子どもは売買され、人身売買の道具として公然と犠牲にされていた。当時の政府は子どもの人身売買についてはたびたび禁止令を出した。しかし度重なる飢饉により、暮らしの苦しさから子どもを売る親は後を絶たず、積極的な救済策が出されないまま、仏教による慈善活動に頼るしかない状況であった。

　この時期を代表して慈善を民衆に行った有名な僧侶は忍性である。忍性は鎌倉の民衆からは「忍性菩薩」と呼ばれ、捨て子を養育し、行き倒れの人を助け、沐浴をさせ、道をつくり、橋をかけ、井戸を掘り、植林をし、薬草を植え、多くの慈善事業を行い、人々の暮らしを助けた。時代を代表する僧侶が慈善事業に力を尽くし、時の政府と民衆のかけはしとして働いたことは、国家による救済の不備を埋めるものとして、歴史的に僧侶や尼僧が福祉事業にかかわってきたことを物語っている。

(2) 15・16世紀（室町〜江戸時代）における児童保護

　室町時代から戦国時代にかけては戦乱が相次ぎ、農民や町民の生活は貧しく、地域での相互扶助も機能せず、堕胎、間引き、捨て子、子女の身売りが横行し、子どもの命は常に生存の危機に直面していた。仏教による慈善救済活動も京都、鎌倉などの政治の中心部から広がっていたため、中央から外れた地域では貧困に苦しむ病人や子どもたちは悲惨な状況を呈していた。

　このようなときに、フランシスコ・ザビエルは来日し、長崎、大分などにおいて孤児、病人、老人などの弱者の救済を行った。その後、ポルトガル人貿易商ルイス・デ・アルメイダが大分を訪れ、彼は私財を放出し、捨て子や孤児たちのために育児院を建て、西洋医学の知識によって牛乳の授乳による新しい栄養のとり方を教えるなど救済活動に献身した。アルメイダは後に司

祭となって九州各地を巡り、教会や学校、病院を建設した。その後も宣教師や修道女たちは、キリシタン弾圧のなかで、孤児や貧困児童のための養育施設や救助院、保育所や学校を建て、布教活動を行った。このようにしてわが国におけるキリスト教社会事業は始まった。

　江戸時代に入り徳川幕府が中央集権化を強めると、民衆は藩と幕府との二重の搾取に苦しんだ。また天災や飢饉が相次ぎ、農民の生活を圧迫した。このため農民は食料難に陥り、百姓一揆が多発し、食料難のために堕胎や間引きも後を絶たなかった。将来の人口の減少を憂えた幕府は1690年に棄児禁止の布令を出した。「実子を捨てた者は流罪、もらい子を捨てた者は獄門、もし絞殺した者は引き回しの上、はりつけにする」という厳しいものだった。

　このようななかで1767年には間引き禁止令が出された。享保以降、全国的な人口停滞や減少に際して、各藩は農村人口を確保するため藩内の妊婦を調べ上げ、社会の治安と統制を目的に「五人組制度」が設けられた。また出産に村役人を立ち会わせるなど、間引きを防ごうとした。川村原泉は民間で養育料の寄付を集めようと『勧進帳』を起草した。そのなかで「子どもは天地の恵みであるから、親の勝手でマビイてはいけない、それは乱世の遺物であり、文明の恥である、たとえ娘を遊女に出すことがあっても、マビクよりはましである」というような趣旨を力説している。このように国学に造詣の深い民間の篤志家が子どもの命を間引きからまもろうと慈善事業を行った。

　1722年、「赤ひげ」のモデルとなった江戸小石川養生所（現在の東京都健康長寿医療センターの源）が病人の救済施設として設置され、続いて1791年、老中松平定信は深川窮民救育所や町会所を設けた。この町会所は貧民孤児のため毎年町費の7割を積み立て非常の際に役立てた。さらに「窮民御救起立」によって貧窮者の救済を定めた。こうして町会所と積金は幕末まで老幼者の救助から遺棄児教育までを含んでいる地縁による総合的救貧機関として、社会事業発達史に大きな意味をもった。しかし儒教的倫理観に支えられた幕藩体制のなかでは、貧民救済は宗教的慈善という性格よりも仁によって国を治めるという儒教観に基づく政治的慈恵という傾向が強かった。

(3) 19・20世紀（明治・大正・昭和初期）における児童保護

　明治期になると、当時の政府は富国強兵を国のスローガンとしたため、社会の近代化を急ぎ、積極的に貧窮者への救済対策に取り組んだ。1871（明治4）年に「棄児養育米給与方」、1873（同6）年に「三子出産の貧困者へ養育料給与方」を定めている。1874（同7）年には半世紀以上存続した初の全国的な救貧制度である「恤救規則」が公布された。これは1929（昭和4）

年の「救護法」制定まで、わが国における唯一の公的救済立法といっても過言ではない。しかし、恤救規則は「人民相互の情誼」による解決を原則としていたため、その運用は制限的であった。そのため、制度として国家から援助を受けることのなかった児童養護施設は経営が困難であった。明治期のある施設では、1年間に入所した子どもの40%近くが死亡したと記録されている。

このころから民間による慈善事業が広まった。孤児院では石井十次が、慈善を単なる救済ではなく教育事業であると考え「岡山孤児院」を設立した（1887（明治20）年）。岡山孤児院はイギリスのバーナード・ホームの制度を取り入れたもので、孤児を10人ほどの小集団家族に分けて小寮舎に住まわせ、「主婦」と呼ばれる保母に衣食住の世話をさせ、画一的な施設処遇を改革しようとした点で先駆的であった。

知的障害者施設としては石井亮一がわが国最初の施設として知られる「滝乃川学園」を設立した（1897（同30）年）。石井は濃尾地震の孤児収容をきっかけに孤女学院を設立し、その後障害児教育に進み、滝乃川学園を開園した。当時、知的障害児対策は遅れており、全国感化院入所児童の40%が知的障害児だったので、その救済は急務であった。

「感化院」の必要性は早くから説かれ、1900（同33）年の「感化法」によって制度化された。感化院では、留岡幸助の設立した家庭学校が有名である。留岡は北海道空知集治監で教誨師となり、受刑者のほとんどが少年時代から非行に走っていたことを知り、単身渡米して犯罪少年の教育的処遇・監獄改良法を学んだ。その後帰国し、非行少年にはよい環境を与えることの必要性を説き、1899（同32）年に巣鴨に「家庭学校」、1914（大正3）年に「北海道家庭学校」を設置した。家庭学校では、「基礎学力の附与」「農業を主とする作業」「宗教による霊性教育」「保健体育」の4点を基本とし、教師夫妻がつくる家庭的雰囲気のなかで、生活全般にわたって指導を行った。留岡は慈善事業・感化救済事業の理論実践両面での指導者として日本社会事業の先駆者である。

1918（同7）年には大阪に方面委員制度（民生委員の前身）が発足し、これにより実子促進運動が推進された。庶民層を活動の中心とする方面委員制度はまたたく間に普及し、昭和初期には2万人余りの全国組織となった。

産業革命が進むと生産性の向上のために婦女子や子どもは安価な労働力として工場で酷使されるようになった。紡績女工の悲惨な状況を細井和喜蔵が書いた『女工哀史』は有名であり、町工場での労働時間は17時間におよぶこともあった。このような悲惨な労働状況から、子どものなかには病気になったり、死亡したりする者が後を絶たなかった。

政府は子どもの死亡率を減らすために、1911（明治44）年に「工場法」を制定した。この工場法によると就労は12歳からとし、労働時間も1日12時間と限度を定めた。しかし1920年に経済恐慌、1923（大正12）年に関東大震災などの災害が引き続いて起こり、国民の生活は一層困窮した。もはや従来の恤救規則では対応できなくなった。これにかわる救貧制度として1932（昭和7）年に「救護法」が施行されると、対象者は65歳以上の老衰者、13歳以下の子ども、身体障害によって働けない者など以前よりも扶助の対象が幅広くなった。

(4) 保育所の始まり

　明治維新政府は、教育制度の整備を重視したので、知能の早期開発のために、1876（明治9）年に小学校の前段階として幼稚園をつくった。しかし、幼稚園は一部の有産階級のためのものという性格が強かったので、その後には民間の手で一般庶民のための幼稚園がつくられるようになった。神戸の善隣幼稚園は1895（同28）年アメリカの宣教師タムソンによって、東京の二葉幼稚園は1900（同33）年に野口幽香、斎藤峰によってつくられた。これらの幼稚園は、後に「保育所」として制度化されるための礎となった。わが国初の保育所は1890（同23）年に赤沢鍾美が設立した新潟静修学校の付設保育部といわれる。

　わが国に産業化の波が押し寄せ、大工場で働く女子労働者が増えると、その子どもたちのために工場付設の保育施設がつくられた。1903（同36）年には「鐘ヶ淵紡績株式会社兵庫工場付設保育施設」が、1905（同38）年には「鐘紡幼児保育会」がつくられた。日露戦争のときに神戸では、生江孝之によって出征軍人遺家族のための保育所が各地に設置された。この時期の保育所は、民間によるものが多く、慈善救済事業と呼ばれた。また、子守奉公で学校に行けない少女たちのために、子守学校が各地で設置された。松本幼稚園に付設された「子守り教育所」や栃木県佐野町の「佐野子守り学校」などがある。

　1918（大正7）年の米騒動がきっかけになり、それまでは「慈善事業」であった保育所が、「社会事業」に転換した。民間の事業で行われていた保育所が、米騒動以後、自治体による生活安定の施策として大都市を中心に公立でつくられるようになったのである。東京で初めてつくられた公立託児所は本所区の「江東橋託児場」である。

　昭和初期から第2次大戦時中にかけて、農村でも農繁期保育所がつくられ、仏教寺院は各地で「農繁期託児所」を開設した。戦時体制下で女性は工場へ動員されたため、子どもを育てるには保育所が不可欠となり、「戦時託児所」

が既存の施設を利用して開設された。戦争が激しくなると、空襲を避けるために、学童の集団疎開が始まり、保育所でも幼児の集団疎開を行うところも出てきた。

2．わが国における戦後の子ども家庭福祉の展開

(1)　昭和の戦災孤児への救助

　1945（昭和20）年、太平洋戦争に敗戦した日本では、戦後の混乱が頂点に達し、その一番の被害者は子どもたちであった。親を戦争で奪われた孤児や浮浪児、自らも障害を負った子どもたちなどが街にあふれ、「狩り込み」が行われ、大きな社会問題となった。

　子どもたちの悲惨な状況をみて、「この子らを世のひかりに」という言葉でつとに知られる糸賀一雄は終戦後1年で近江学園を創立した。糸賀は医学と福祉の連携を早くから実践し、戦災孤児と重度の障害児との統合教育を世界に先駆けて実践し、教育的効果を発揮した。

　政府は戦災孤児への救済対策として「(旧) 生活保護法」を公布し、緊急課題として浮浪児童の発見と保護に乗り出した。しかし治安の維持を目的とする「狩り込み」を手段とする保護は、一時しのぎに過ぎなかった。むしろ問題は児童福祉の対象を従来のように要保護児童だけとするのではなく、児童福祉の対象を一般の児童にまで広げ、彼らが健全に育成する権利を社会的に認めることだった。

　1947（同22）年には貧困児童のみでなく、幅広く一般の児童の権利を認める「児童福祉法」が成立した。1951（同26）年には児童福祉を憲法のなかに位置づける性格をもつ「児童憲章」が制定された。このころより東京都立保育園の保母たちは、アコーディオンやタンバリンをもって子どもたちが集まる場所で「野外保育」を始めた。こうした「青空保育」が契機となり、各地で保育所をつくる気運が高まった。

　しかし一方では、駐留アメリカ人兵士と日本人女性の間に生まれた子どもなどへの福祉対策は遅れていた。この問題は1952（同27）年、講和条約が発効されてから社会問題となった。全国に20万人はいると推定された彼らに福祉の世界からの援助はなかなかおよばなかった。このような状況を改善すべく沢田美喜はエリザベス・サンダース・ホームを開いて駐留アメリカ人兵士と日本人女性の間に生まれた児童の養育にあたり、ブラジルに農園を開いた。

(2) 「豊かな時代」の到来と保育

　1960年代になると国民の生活は「豊かな時代」を迎える。1961（昭和36）年には「児童扶養手当法」、1964（同39）年には「母子福祉法（現・母子及び父子並びに寡婦福祉法）」、1965（同40）年には「母子保健法」が続いて公布される。このころにはカラーテレビ、クーラー、マイカーが、頭文字のＣをとって「３Ｃ」と呼ばれ、いわゆる「３Ｃ時代」に突入した。

　一方、第３次産業の発展によってパートタイムという就労形態が女性の雇用を促進するようになった。女性の社会進出が進むとともに、女性の働きながら子育てをしたいというニーズが増大した。1964（同39）年の母親大会で出された「ポストの数ほど保育所を」というスローガンを引き金に保育所運動は全国に広がっていった。こうした動きに反し徐々に少子化は進んでいく。

　1989（平成元）年に合計特殊出生率がそれまで史上最低であった「ひのえうま」の年を下回る1.57を記録したことは、「1.57ショック」と呼ばれるほど国民に大きな衝撃をもたらした。結婚や妊娠によって退職を余儀なくされる女性の就労状況などから、子どもを生みたくても生めない社会状況を打開することがめざされるようになった。

3．包括的な子ども・子育て支援

(1) 少子化対策から子ども・子育て支援へ

　女性の社会進出、少子化の流れのなかで進んできた保育所運動により整備されてきた保育所は働く母親と子どもを対象にしたものであった。しかし核家族の多い現代では、育児経験のない母親が子育てに戸惑うことが多い。コミュニティが崩壊し、都会では近所で一緒に遊ぶ同年齢の子どもをみつけることさえ困難であり、母親の引きこもり育児による「育児ノイローゼ」が社会問題となっている。そこで専業主婦をも対象にした保育サービスの必要性が明らかになってきた。保育所のみでなく家庭での保育サービスにも重点がおかれた。

　1994（同6）年には深刻化する少子化に歯止めをかけるべく、厚生・文部・労働・建設の４省合意による「今後の子育て支援のための施策の基本的方向について」（エンゼルプラン）が発表された。同年には「児童の権利に関する条約」がわが国でも発効された。2000（同12）年には従来のエンゼルプランの見直しとして「重点的に推進すべき少子化対策の具体的実施計画について」（新エンゼルプラン）が発表された。

　2003（同15）年には、子育て世代の働き方や次世代の親を育てる取り組み

なども含めた総合的な施策の必要性から、「次世代育成支援対策推進法」が成立し、「少子化社会対策基本法」も定められた。2004（同16）年には、「少子化社会対策大綱に基づく重点施策の具体的実施計画について」（子ども・子育て応援プラン）が策定された。

　2010（平成22）年には「子ども・子育て関連3法」が制定されるなど、単なる少子化対策から、子ども・子育て支援というマクロな支援体制へと移行していった。2015（同27）年には「全世代型社会保障」の実現をめざして「子ども・子育て支援新制度」が実施された。これは「子ども・子育て支援法」「認定こども園法の一部改正法」「子ども・子育て支援法及び認定こども園法の一部改正法の施行に伴う関係法律の整備等に関する法律」の3つの法律に基づいた新制度である。

　1999（同11）年の男女共同参画社会基本法の制定より、男女が社会において対等な構成員としてともに参画することがめざされてきた。それとともに男女ともに「仕事と生活の調和を保ちつつ、国民全員がやりがいを感じつつ仕事をし、家庭や地域においても同じく役割を果たす」というワークライフバランスがめざされている。しかし、男性の育児休暇取得率は2021（令和3）年度では13.97％と低かった。女性が8割台で推移していることに比べて、男性の育児休暇の取得はまだ広がっておらず課題は残っている。

(2)　ドメスティック・バイオレンス及び子ども虐待の防止に向けて

　2001（平成13）年に「配偶者からの暴力の防止及び被害者の保護等に関する法律」（DV防止法）が制定された。その後、幾度も改正がなされ、2023（令和5）年には保護命令の対象の拡大、期間の延長がなされた。

　子ども虐待に関しては、2000（平成12）年に「児童虐待の防止等に関する法律」（児童虐待防止法）が制定された。2004（同16）年の改正では、①配偶者による虐待を見てみないふりをすることをネグレクトの範疇に定義する、②子どもの虐待防止ネットワークである「要保護児童対策地域協議会」の設置などがなされた。2007（同19）年の改正では、①虐待の通告があった家庭への立ち入り調査の強化、②保護者に対する面会・通信の制限、③保護者に対して行った指導に保護者が従わない場合の措置の明確化などがなされた。そのほか、2008（同20）年には、児童福祉法改正によって「養育支援訪問事業」「乳児家庭全戸訪問事業」の法制化がなされ、児童虐待の早期発見のための訪問支援がなされてきた。

⑶　障害のある子どもへの支援

　児童福祉法第4条によると、障害児とは、①身体に障害のある子ども、②知的障害のある子ども、③精神に障害のある子ども（発達障害を含む）、④難病である子どもと記されている。2005（平成17）年には障害者自立支援法（現・障害者総合支援法）が成立し、障害児への福祉サービスの提供は市町村が主体となって行う仕組みに再編がなされた。また知的障害児通園施設などの通所サービス施設は「障害児通所施設」になり、入所施設は「障害児入所施設」として一本化された。

〈参考文献〉
ミネルヴァ書房編集部編『社会福祉小六法2023』ミネルヴァ書房　2023年
赤木正典・流王治郎編『子ども家庭福祉論』建帛社　2018年
柏女霊峰『子ども家庭福祉論（第7版）』誠信書房　2020年
栗山直子『子ども虐待防止支援の実証分析―近代家族イデオロギーを超えて』ミネルヴァ書房　2020年

コラム　「豊かな時代」の終焉

　1960年代になるとわが国にも「豊かな時代」が到来した。この「豊かな時代」ではアメリカ的な核家族が新しい家族として目標となった。この時期には「3C」（カラーテレビ、クーラー、マイカーの頭文字のCをとって命名）に代表される家電が普及し、システムキッチンつきの一戸建て、一人っ子、お父さんは会社でお母さんは家事・育児という「性別役割分業」などがキーワードであった。この時期は「一億総サラリーマン」社会であり、父親が会社人間になる一方で、母親は専業主婦になる傾向にあった。教育面では一点豪華主義で子ども一人に教育費をかける傾向が強くなり、「お受験」などの流行語が生まれた。「社会で成功するためには、よい幼稚園に入って、よい学校に入って、よい塾へ通って、よい大学に入って、よい会社に入って……」という画一的で単線的な人生計画が練られるようになった。物質的に恵まれた生活をする一方で、地域社会が崩壊し、モラルハザードが進行し、勉強以外の情緒面の育成は軽視された。この意味で精神的には「豊かな時代」とはならなかった。子どもの社会においても単線的な人生行路からは勝者と敗者という二分化が進んだ。現代の大人の社会では終身雇用制が崩れ、リストラの嵐が吹き荒れている。今までのような単線的な人生行路をめざしていても将来の幸せを約束される保証はなくなった。保育は子どもが人生の初期段階で受ける教育である。多様化は保育サービスの量や供給主体を指す言葉ではなく、子どもの多様な発達を見守る姿勢など保育者の意識面にこそ取り入れられるべきではないだろうか。

第4章

▶ ▶ ▶子ども家庭福祉の法と行政・実施機関◀ ◀ ◀

キーポイント

　本章では子ども家庭福祉実践の根拠となる児童福祉法をはじめ、関連するさまざまな法律について学んでいくとともに、それらの法律に基づき推進する行政機関や実施機関についても理解を深める。さらに子ども家庭福祉の事業やその実施の仕組み、費用についても解説をする。

　また、制度や機関についての理解を深めるためには、どのような法律にそれぞれの根拠があるのかを知ることも重要である。

　保育者をめざす人にとって、子ども家庭福祉の全体像を理解していることは、現在の子どもを取り巻く社会的状況から生じるさまざまなニーズへ的確に対応する力が求められる今、必要な基本的知識である。

1　子ども家庭福祉の法体系

1．子ども家庭福祉の法体系の基盤

(1)　社会福祉の根源となる法律

　子ども家庭福祉の制度・政策、サービスは社会福祉の一つである。その社会福祉の法体系の基盤は日本国憲法にあり、その上に、さまざまな法律が成り立っている。

日本国憲法

　日本国憲法は、わが国のすべての法的基盤となっており、なかでも社会福祉に関連して基本的人権を保障するのは、第11条「基本的人権の享受」、第13条「幸福追求権」、第14条「法の下の平等」、第21条「表現の自由」、第24条「家庭生活における個人の尊厳と両性の平等」、第25条「生存権」、第26条「教育を受ける権利」などがある。なかでも第25条は社会福祉の基盤となる（第2章参照）。

民　法

　民法とは、人が集まって社会で生活を送る際、秩序を維持するためにそれぞれの権利や義務の内容について一定のルールを定めたものである。子ども家庭福祉においては、親権・監護権、特別養子縁組など直接的に関係することも多い。近年では、子ども虐待やDV（ドメスティックバイオレンス）被害の増加などにより、子どもと親の法的なつながりが注目されることも多い。2011（平成23）年の民法改正では、条文のなかに「親権者による子の利益の遵守」という概念が明確に付加された。具体的には、親が子どもをしつけるにしても「子の利益」が期待されることが必要であると明文化され（民法第820条）、親権喪失となる理由に「子の利益が著しく害されている」場合と明記されたことである（民法第834条）。また、２年以内という期限付きの「親権の一時停止」という制度が新設された（民法第834条の２）。

　その後、2022（令和４）年改正では、保護者の懲戒権（民法第822条）は子ども虐待の口実として使われることがあったり、懲らしめるなど強硬な権利であるという印象を与えるなどから削除された。よって、「親権を行う者は、子の利益のために子の監護及び教育をする権利を有し、義務を負う」（民法820条）につづいて、「親権を行う者は、前条の規定による監護及び教育をするに当たっては、子の人格を尊重するとともに、その年齢及び発達の程度に配慮しなければならず、かつ、体罰その他の子の心身の健全な発達に有害な影響を及ぼす言動をしてはならない」（民法821条）が新たに加えられた。

社会福祉法

　社会福祉法は、社会福祉事業全般の基本的事項を定めた法律である。1951（昭和26）年に「社会福祉事業法」として制定されたが、2000（平成12）年に大幅に改正されるとともに社会福祉法と改称された。

　社会福祉の推進、社会福祉における日本政府および地方公共団体の義務を定め、社会福祉にかかわる事業（社会福祉事業）の種別や事業主体の制限（社会福祉法人）などが定められている。

(2)　子ども家庭福祉の法体系の概要

　子ども家庭福祉は、児童福祉法を中心として、すべての子どもと子育て家庭、さらに子どもの育ちを国全体で支えていくために多くの法律が関連し、その福祉の推進が図られている。

　なかでも、母子保健対策を充実させた「母子保健法」、ひとり親家庭等への支援の充実を図るための「母子及び父子並びに寡婦福祉法」「児童扶養手当法」、障害児に対する経済的な支援を目的とした「特別児童扶養手当等の

図4－1　子ども家庭福祉に関連する法律の体系

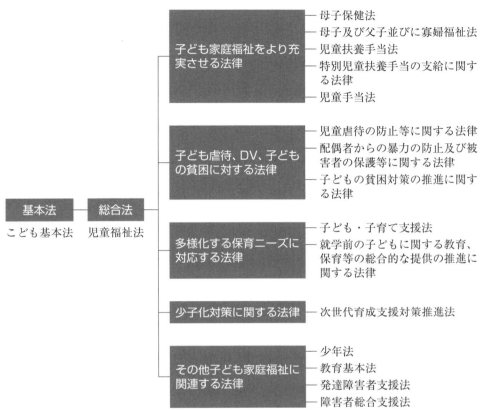

支給に関する法律」、子育て家庭への健全育成を目的とした手当に関する「児童手当法」については子ども家庭福祉を充実させる法律となっている。

　近年、社会的な状況の変化により、急激に深刻化する子ども虐待、DV、子どもの貧困などの大きな課題に対しては、「児童虐待等の防止に関する法律」、「配偶者からの暴力の防止及び被害者の保護等に関する法律」、「子どもの貧困対策の推進に関する法律」、さらには多様化する保育ニーズに対応する形で制定された「子ども・子育て支援法」、「就学前の子どもに関する教育、保育等の総合的な提供の推進に関する法律」などがある。少子社会対策として「次世代育成支援対策推進法」、その他、子ども家庭福祉に関連する法律として、「少年法」「教育基本法」「学校教育法」「発達障害者支援法」「障害者の日常生活及び社会生活を総合的に支援するための法律」なども子ども家庭福祉の制度に関連している（図4－1）。

　これまで、子どもに関するさまざまな施策の充実を図ってきたが、少子化や人口減少に歯止めはかかっておらず、また、子ども虐待相談や不登校の件数が2021（令和3）年度には過去最多になるなど、子どもを取り巻く状況は

より一層深刻になっている。子どもの最善の利益を第一に考え、子どもに関する取り組みや政策を国が社会の真ん中に据えて、強力に進めていくことが不可欠であると考えられ、こども家庭庁が設置された。このことと相まって、従来の諸法律に基づき、既存の関係省庁、地方自治体において進められてきた、子どもに関するさまざまな取り組みを講ずるに当たっての共通の基盤となるものとして、子ども施策の基本理念や基本となる事項を明らかにすることにより、子ども施策を社会全体で総合的かつ強力に実施していくための包括的な基本法として、こども基本法が2022（同4）年に成立し、2023（同5）年に施行された。

2．こども基本法

　こども基本法は、日本国憲法および児童の権利に関する条約の精神にのっとり、すべてのこどもが、将来にわたって幸福な生活を送ることができる社会の実現をめざし、こども政策を総合的に推進することを目的としている（第1条）。こども施策の基本理念（第3条）のほか、こども大綱の策定（第9条）やこども等の意見の反映（第11条）などについて定められているとともに、この法律において「こども」とは、心身の発達の過程にある者をいい、「こども施策」を「こどもに関する施策」と「一体的に講ずべき施策」とに位置づけている。（第2条）

　「こどもに関する施策」とは、こどもの健やかな成長や、結婚・妊娠・出産・子育てに対する支援を主たる目的とする施策を指す。「一体的に講ずべき施策」の主たる目的はこどもの健やかな成長に対する支援等ではないが、こどもや子育て家庭に関係する施策（国民全体の教育の振興、仕事と子育ての両立等の雇用環境の整備など）と、「こどもに関する施策」と連続性を持って行われるべき若者に係る施策（若者の社会参画支援、就労支援、社会生活を営む上で困難を抱える若者支援など）としている。つまり、「こども施策」には、こどもの健やかな成長に対する支援等を主たる目的とする施策だけでなく、教育施策、雇用施策、医療施策など幅広い施策が含まれている。そのような点からもこども基本法が子ども家庭福祉の基本法として位置づけられたことがわかる。

　また、こども基本法の基本理念は次のように示されている。
① すべてのこどもについて、個人として尊重されること・基本的人権が保障されること・差別的取り扱いを受けることがないようにすること
② すべてのこどもについて、適切に養育されること・生活を保障されること・愛され保護されること等の福祉に係る権利が等しく保障されるととも

に、教育基本法の精神にのっとり教育を受ける機会が等しく与えられること
と

③　すべてのこどもについて、年齢および発達の程度に応じ、自己に直接関係するすべての事項に関して意見を表明する機会・多様な社会的活動に参画する機会が確保されること

④　すべてのこどもについて、年齢および発達の程度に応じ、意見の尊重、最善の利益が優先して考慮されること

⑤　こどもの養育は家庭を基本として行われ、父母その他の保護者が第一義的責任を有するとの認識の下、十分な養育の支援・家庭での養育が困難なこどもの養育環境の確保

⑥　家庭や子育てに夢を持ち、子育てに伴う喜びを実感できる社会環境の整備

　こども基本法では、国・地方公共団体の責務や事業主・国民の努力、年次報告（白書）とこども大綱の策定、こども施策推進会議の位置づけなどとともに、施策に対するこども・子育て当事者等の意見の反映、支援の総合的・一体的提供の体制整備、関係者相互の有機的な連携の確保、こども基本法や児童の権利に関する条約の周知、こども大綱による施策の充実および財政上の措置等が基本的施策として定められている。

3．児童福祉法

(1)　児童福祉法が成立された背景

　子ども家庭福祉の法的基盤となるのは、「児童福祉法」である。

　1945（昭和20）年に第2次世界大戦の終戦を迎え、国内は敗戦の混乱状況のなか、社会的な環境も生活衛生面も非常に深刻な状況であった。特に、家族と死別や離れてしまった戦災孤児、浮浪児が巷にあふれ、駅の構内や闇市などで寝食をし、物乞いや靴磨きなどで命をつないでいた。時には彼らの非行問題（万引きや窃盗など）が問題となり、そのような子どもの保護が急務となった。

　政府は連合国軍総司令部（GHQ）指導の下、児童保護法案の作成に着手した。当初は第2次世界大戦前の教護法、児童虐待防止法、母子保護法などの「保護法」を統合した構想案が検討されたが、中央社会事業委員会などの批判を受け、次代を担う児童の健全な育成支援、「福祉法」としてその積極的増進を基本精神とし、児童福祉法案を国会に提出、1947（昭和22）年11月に成立、同年12月12日に公布された。

(2) 児童福祉法の概要

　児童福祉法は、18歳未満のすべての子どもとその福祉に関する基本的事項を規定する法である。戦前における児童虐待防止法や少年救護法（1933（昭和8）年制定）の対象が、要保護児童等の一部児童に限られ消極的な内容であったのに対し、児童福祉法ではすべての児童の権利を規定し、国および地方公共団体における児童の保護育成の義務の存在を明記し、児童福祉審議会・児童相談所等の諸機関および児童福祉施設等の設置・運営ならびに措置について規定している。

　また、保育所の利用や児童福祉施設の支援などのサービスの実施には児童福祉法に基づく児童福祉法施行令、児童福祉法施行規則により、運用の詳細が示されている。

(3) 児童福祉法の原理

　児童福祉法では第1章総則で児童福祉の理念を明記している。

《児童福祉の理念》

第1条　全て児童は、児童の権利に関する条約の精神にのつとり、適切に養育されること、その生活を保障されること、愛され、保護されること、その心身の健やかな成長及び発達並びにその自立が図られることその他の福祉を等しく保障される権利を有する。

《児童育成の責任》

第2条　全て国民は、児童が良好な環境において生まれ、かつ、社会のあらゆる分野において、児童の年齢及び発達の程度に応じて、その意見が尊重され、その最善の利益が優先して考慮され、心身ともに健やかに育成されるよう努めなければならない。

②　児童の保護者は、児童を心身ともに健やかに育成することについて第一義的責任を負う。

③　国及び地方公共団体は、児童の保護者とともに、児童を心身ともに健やかに育成する責任を負う。

《原理の尊重》

第3条　前2条に規定するところは、児童の福祉を保障するための原理であり、この原理は、すべて児童に関する法令の施行にあたつて、常に尊重されなければならない。

　第1条、第2条では、児童福祉の原理が規定され、第3条ではこの原理は子ども家庭福祉のさまざまな事柄が児童福祉法にのっとり実施される際に、

常に尊重されるべきものであると記されている。続く第3条の2では、国および地方公共団体の責務について規定されており、子どもの養育は第一義的責任を有する親（保護者）だけではなく、国および地方公共団体の責任のもと、すべての国民にかかわることが明確になっている。

(4)　児童福祉法の対象と定義

児童福祉法では第4条で、その対象となる児童を以下のように定義している。

《児童》

第4条　この法律で、児童とは、満18歳に満たない者をいい、児童を左のように分ける。
- 一　乳児　満1歳に満たない者
- 二　幼児　満1歳から、小学校就学の始期に達するまでの者
- 三　少年　小学校就学の始期から、満18歳に達するまでの者

上記のように、児童福祉法における「児童」の定義は、「満18歳に満たない者」であるが、法律によって児童の定義は異なっている。

また、児童福祉法では障害児についても定義されている（第8章参照）。

(5)　児童福祉法のこれまでの改正

1947（昭和22）年に制定された児童福祉法であるが、基本理念を除いて、何度かの改正を繰り返してきた。その間にも世界中で、子どもの権利に対する取り組みが強化され、児童の権利に関する条約（1989年国連採択、1990年発効。日本では1994年に批准）の制定などにより、子どもの権利擁護の体制は大きく変化した。わが国でも、制定後、約70年の時を経て2016（平成28）年に基本理念の改正、子どもの最善の利益の明記をする大きな改正が行われた。近年の主な改正については表4-1のとおりである。

これまでの改正は子どもを取り巻く状況の変化に対応するべく細やかに改正されたり、子ども家庭福祉に隣接する福祉の分野での改正に伴うものであったりとその改正経緯はそれぞれであるが、いつの時代も子どもにとっての最善の利益が追及された法律でなくてはならない。

表 4 − 1 　児童福祉法の主な改正の内容

1997（平成 9 ）年改正	児童福祉施設の名称変更と施設の統廃合。 保育所の利用方式を措置から行政との契約方式に変更。
2000（同12）年改正	居宅生活支援の利用を支援費による方式に変更。
2001（同13）年改正	保育士資格が法定化され、国家資格となる（名称独占）。
2003（同15）年改正	子育て支援事業が法定化され、市町村保育計画の作成等が規定された。
2004（同16）年改正	子ども家庭相談の体制整備のため第一義的窓口を市町村に、より専門性の高い窓口を児童相談所とすることとした。 児童福祉施設の入所年齢要件の見直し。 要保護児童対策地域協議会の法定化。
2005（同17）年改正	障害者自立支援法の制定による障害児分野の大幅な改正。
2008（同20）年改正	乳児全戸訪問事業（こんにちは赤ちゃん事業）、養育支援訪問事業、地域子育て支援拠点事業、一時預かり事業、家庭的保育事業の法律上への位置づけ。 小規模住居型児童養育事業（ファミリーホーム）の創設。
2010（同22）年改正	障害別に分かれていた障害児施設が、障害児入所施設（医療型・福祉型）と児童発達支援センター（医療型・福祉型）に改編される。
2012（同24）年改正	子ども・子育て支援法の制定による、幼保連携型認定こども園の児童福祉施設としての位置づけ。 0 〜 2 歳を対象にした地域型保育事業の新設。
2016（同28）年改正	児童福祉法の理念の改正。第 1 条の「児童の権利に関する条約の理念にのっとり」と明文化されるとともに、第 2 条第 2 項において、子どもの養育に対する保護者の第一義的責任についても規定された。
2022（令和 4 ）年改正 （2024（同 6 ）年 4 月施行）	子育て世帯に対する包括的な支援のための体制強化及び事業の拡充（こども家庭センターの設置、児童発達支援の類型の一元化等）。 一時保護所及び児童相談所による児童への処遇や支援、困難を抱える妊産婦等への支援の質の向上。 社会的養育経験者・障害児入所施設の入所児童等に対する自立支援の強化（年齢による一律の利用制限の弾力化等）。 児童の意見聴取等の仕組みの整備など。

筆者作成

4．子ども家庭福祉に関連する法律

　児童福祉法を基盤として、多くの法律により子ども家庭福祉の支援は実践されている。ここでは先にあげた子ども家庭福祉をより充実させる法律とそのほかの主要な法律についてみていく。

(1) 児童扶養手当法

　1961（昭和36）年に制定された。この法律では、さまざまな理由で父または母と生計を同じくしていない児童が育成される家庭の生活の安定と自立の促進を図るために児童扶養手当を支給し、児童の福祉の増進を図ることを目的としている。この法律では、児童は「18歳に達する日以後の最初の3月31日までの間にある者又は20歳未満で政令で定める程度の障害の状態にある者をいう」と定義されている。支給要件（第4条）は表4－2の通りとなっている。2010（平成22）年からは、父子家庭にも支給されるようになり、2012（同24）年からは、父または母が配偶者からの暴力で裁判所からの保護命令を受けた児童も対象となっている。

　手当額は、2023（令和5）年現在、児童1人の場合は最大月額44,140円であり、児童が2人以上になると一定額が加算される。ただし公的年金等の額が児童扶養手当より高い場合や、受給資格者の所得が一定額以上ある場合には、手当の全部または一部が支給停止される。

表4－2　児童扶養手当の支給要件

一　次のイからホまでのいずれかに該当する児童の母が当該児童を監護する場合　当該母
イ　父母が婚姻を解消した児童
ロ　父が死亡した児童
ハ　父が政令で定める程度の障害の状態にある児童
ニ　父の生死が明らかでない児童
ホ　その他イからニまでに準ずる状態にある児童で政令で定めるもの
二　次のイからホまでのいずれかに該当する児童の父が当該児童を監護し、かつ、これと生計を同じくする場合　当該父
イ　父母が婚姻を解消した児童
ロ　母が死亡した児童
ハ　母が前号ハの政令で定める程度の障害の状態にある児童
ニ　母の生死が明らかでない児童
ホ　その他イからニまでに準ずる状態にある児童で政令で定めるもの

(2) 特別児童扶養手当等の支給に関する法律

　1964（昭和39）年に制定された。この法律では、20歳未満の障害児を対象とした特別児童扶養手当および障害児福祉手当、20歳以上の重度障害者を対象とした特別障害者手当の3つが規定されており、手当の支給により、障害児・者の福祉の増進を図ることを目的としている（表4－3）。

表4－3　支給要件と支給月額（2023（令和5）年4月より）

特別児童扶養手当	20歳未満で精神または身体に障害を有する児童を家庭で監護、養育している父母等	1級　53,700円 2級　35,760円
障害児福祉手当	精神または身体に重度の障害を有するため、日常生活において常時の介護を必要とする状態にある在宅の20歳未満の者	15,220円
特別障害者手当	精神または身体に著しく重度の障害を有するため、日常生活において常時特別の介護を必要とする状態にある在宅の20歳以上の者	27,980円

※　受給資格者等の前年の所得が一定の額以上であるときは手当は支給されない。

(3)　母子及び父子並びに寡婦福祉法

　1964（昭和39）年に母子福祉法として制定された。1981（同56）年に寡婦家庭も対象として「母子及び寡婦福祉法」となり、2002（平成14）年の改正にて対象に父子家庭も加えられ、2014（同26）年に名称にも父子が入り現行法名となっている。基本理念は、「全て母子家庭等には、児童が、その置かれている環境にかかわらず、心身ともに健やかに育成されるために必要な諸条件と、その母子家庭の母及び父子家庭の父の健康で文化的な生活とが保障され、寡婦にも母子家庭の母及び父子家庭の父に準じて健康で文化的な生活が保障されるものとする」とある（第2条）。一方で、第4条では自立への努力、第5条では扶養義務の履行とそれぞれへの努力義務も明記されている。

　母子福祉資金、父子福祉資金、寡婦福祉資金の貸し付け、母子家庭等の日常生活支援事業や母子・父子福祉施設などが規定されている。

(4)　母子保健法

　1965（昭和40）年に制定された。それまで母子保健は児童福祉法と当時の保健所法に基づき推進されていたが、さらなる充実を図り母子保健法となった。母性並びに乳児および幼児の健康の保持および増進を図るために保健指導、健康診査、医療などの措置を講じ、国民保健の向上に寄与することを目的とし、母性の尊重についても明記されている。妊娠の届け出、母子手帳、養育医療等を規定している。

(5)　児童手当法

　1951（昭和46）年に制定された。児童を養育している者に児童手当を支給することにより、家庭等における生活の安定に寄与するとともに、次代の社会を担う児童の健やかな成長に資することを目的としている。2023（令和5）

年現在の支給額は次の通りである（表4－4）。

　児童の養育者の所得に応じて、所得制限限度額と所得上限限度額が決められており、法の附則に基づく特別給付として児童1人当たり月額5,000円が支給される。2022（令和4）年10月の支給分からは所得上限限度額以上の場合は、児童手当は支給されない。

表4－4　児童手当の支給額

支給対象年齢	支給額（ひと月当たり）
0歳から3歳未満	15,000円
3歳から小学校修了前	10,000円（第1子・第2子） 15,000円（第3子以降）
中学生	10,000円
所得制限世帯（約960万円以上）	5,000円

(6)　児童虐待等の防止に関する法律（児童虐待防止法）

　2000（平成12）年に制定された。児童に対する虐待の禁止、児童虐待の予防および早期発見その他の児童虐待の防止に関する国および地方公共団体の責務、児童虐待を受けた児童の保護および自立の支援のための措置等を定めることにより、児童虐待の防止等に関する施策を促進し、もって児童の権利利益の擁護に資することを目的としている。子ども虐待の定義、虐待防止における国、地方公共団体の責務、虐待を受けた子どもへの保護、措置についても規定されている。

(7)　配偶者からの暴力の防止及び被害者の保護等に関する法律（DV防止法）

　2001（平成13）年に制定された。この法律の基本方針は、配偶者からの暴力の防止および被害者の保護、施策と実施に関する重要事項を定めることである。配偶者には、婚姻の届出をしていないが事実上婚姻関係と同様の事情にある者も含まれる。

(8)　子どもの貧困対策の推進に関する法律

　2013（平成25）年に制定された。子どもの将来がその生まれ育った環境によって左右されることのないよう、貧困対策の基本となる事項を定め子どもの貧困対策を総合的に推進することを目的としている。子ども等に対する教育の支援、生活の支援、就労の支援、経済的支援等の施策などについて定められている。

⑼　子ども・子育て支援法

　2012（平成24）年に制定された。子どもが健やかに成長することができる社会の実現をめざすことを目的としている。基本理念として、子ども・子育て支援は、保護者が子育てについての第一義的責任を有するという基本的認識の下に、家庭、学校、地域、職域その他の社会のあらゆる分野における全ての構成員が、各々の役割を果たすとともに、相互に協力して行われなければならない、としている。子ども・子育て支援給付、施設型給付費および地域型保育給付費等の支給、特定教育・保育施設および特定地域型保育事業者、地域子ども・子育て支援事業等について定められている。

⑽　障害者の日常生活及び社会生活を総合的に支援するための法律（障害者総合支援法）

　2005（平成17）年、障害者自立支援法として成立し、その後2012（同24）年に改正されている。障害児・者が自立した生活、社会生活を営むことができるように支援することを目的としている。それまで、身体障害、知的障害、精神障害と種別ごとに行われていた支援を一元化した。

⑾　就学前の子どもに関する教育、保育等の総合的な提供の推進に関する法律（認定こども園法）

　2006（平成18）年に制定された。この法律は、幼児期の教育および保育が生涯にわたる人格形成の基礎を培う重要なものであることとし、就学前のニーズの多様化に鑑み、小学校就学前の子どもに対する教育および保育並びに保護者に対する子育て支援の総合的な提供を推進するための措置を講じ、地域において子どもが健やかに育成される環境の整備に資することを目的としている。

2　子ども家庭福祉の行政・実施機関

1．子ども家庭福祉行政の仕組み

⑴　こども家庭庁を中心とした国の役割

　これまで国としての子ども家庭福祉の主管は厚生労働省子ども家庭局であり、こどもとその家庭への施策や対策が行われてきた。しかしながら、子ど

もを取り巻くさまざまな状況の好転にはなかなか結びつかず、新たなこども政策の推進体制としてこども家庭庁が2023（令和5）年に新設された。

　こども家庭庁では、「こどもまんなか社会」をめざし、常にこどもの最善の利益を第一に考え、こどもに関する取り組み・政策をわが国社会の真ん中に据えて、こどもの視点で、こどもを取り巻くあらゆる環境を視野に入れ、こどもの権利を保障し、こどもを誰一人取り残さず、健やかな成長を社会全体で後押しするための新たな司令塔としての役割を担うこととなった。

　これまでとの違いは、ここでいう「こども」とはおおむね18歳までの者を念頭に置きつつ、大人として社会に出て円滑に生活を送れるようになるまでの成長過程を想定していたり、「子育て」を乳幼児期に限定せず、それ以降も切れ目なく政策を行う点である。

　こども家庭庁創設に伴い、内閣府子ども・子育て本部、厚生労働省子ども家庭局は廃止された。こども家庭庁は、①成育部門（妊産婦、母子保健、成育医療、就学前のこどもの育ち、など）、②支援部門（社会的養護や障害児支援、困難を抱えるこどもや家族に対する支援）、③企画立案・総合調整部門からなっている。

(2)　都道府県の役割（児童福祉法第11条）

　児童福祉法では、都道府県の機能について次のように定めている。1つ目は、市町村の業務の実施に関し、市町村相互間の連絡調整、市町村に対する情報の提供、市町村職員の研修その他必要な援助を行うことおよびこれらに付随する業務を行うことである。また、広域的な実情把握、専門的相談・調査・判定・指導、一時保護などである。さらに、里親や養子縁組、特別養子縁組に関する業務と児童相談所の設置などがある。

　また、都道府県・政令都市、中核市には児童福祉審議会や社会福祉審議会の児童部会が設置されている。

(3)　市町村の役割（児童福祉法第10条）

　市町村は、児童および妊産婦の福祉に関し、その第一義的な相談窓口として、必要な実情の把握に努めることや、必要な情報の提供を行うこと、家庭その他からの相談に応ずること並びに必要な調査および指導を行うことなどがあり、あわせてこれらに関連する業務を行う。そのほかに保育所の設置運営、放課後児童健全育成事業、子育て支援事業等を実施する。

図4－2　子ども家庭福祉の実施体制

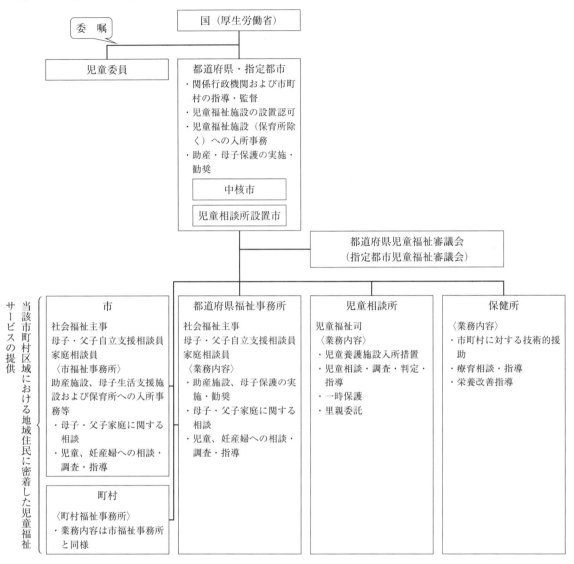

出典　厚生労働省「平成29年版厚生労働白書」をもとに作成

2．子ども家庭福祉の実施機関

(1)　児童相談所

　　児童相談所は、市町村と適切な役割分担・連携を図りつつ、子どもに関する家庭その他からの相談に応じ、子どもが有する問題または子どもの真のニーズ、子どもの置かれた環境の状況等を的確に捉え、個々の子どもや家庭に最も効果的な援助を行い、もって子どもの福祉を図るとともに、その権利

を擁護することを主たる目的として設置されている子ども家庭福祉の実施機関である。児童福祉法第12条に都道府県および政令指定都市※1に設置が義務づけられている。

　児童相談所における相談援助活動は、すべての子どもが心身ともに健やかに育ち、その持てる力を最大限に発揮することができるよう子どもおよびその家庭等を援助することを目的とし、児童福祉の理念および児童育成の責任の原理に基づき行われる。児童相談所の基本的な機能は、次の4つである。

① 市町村援助機能

　市町村による児童家庭相談への対応について、市町村相互間の連絡調整、市町村に対する情報の提供その他必要な援助を行う機能。

② 相談機能

　専門的な知識および技術を必要とするものについて、必要に応じて子ども専門的な角度から総合的に調査、診断、判定（総合診断）し、それに基づいて援助指針を定め、自らまたは関係機関等を活用し一貫した子どもの援助を行う機能。

③ 一時保護機能

　必要に応じて子どもを家庭から離して一時保護する機能。

④ 措置機能

　子どもまたはその保護者を児童福祉司、児童委員（主任児童委員を含む）、児童家庭支援センター等に指導させ、または子どもを児童福祉施設、指定医療機関に入所させ、または里親に委託する等の機能。

　児童相談所では、子どもとその家庭の非常に多くの問題に対応しており、特に近年では、子ども虐待の相談件数は増加の一途をたどっている。

　また、児童相談所の業務内容は「児童相談所運営指針」に基づき、行われている。

(2) 福祉事務所

　社会福祉法に規定された社会福祉行政の機関で、都道府県および市（特別区を含む）に設置され（町村は任意）、社会福祉六法※2（生活保護法、児童福祉法、母子及び父子並びに寡婦福祉法、老人福祉法、身体障害者福祉法、知的障害者福祉法）に定められる援護・育成・更生にかかわる業務を行う。

　福祉事務所には、子ども家庭福祉の機能充実を目的として1964（昭和39）年より家庭児童相談室が設置されている。家庭児童相談室では、子育ての悩みや家族のことなど子ども・子育てに関する相談全般を受けている。また、児童相談所から委嘱された場合の調査業務も行う。

※1 中核市、政令で定める市にも設置することができる。また、2016（平成28）年の児童福祉法の改正により、「政令で定める特別区」にも設置できるようになった。

※2 都道府県設置のものについては、生活保護法、児童福祉法、母子及び父子並びに寡婦福祉法のみ。

表4-5　児童相談所の相談内容

相談区分		内　容
養護相談	1．児童虐待相談	児童虐待の防止等に関する法律の第2条に規定する次の行為に関する相談 (1)　身体的虐待 　　生命・健康に危険のある身体的な暴行 (2)　性的虐待 　　性交、性的暴行、性的行為の強要 (3)　心理的虐待 　　暴言や差別など心理的外傷を与える行為、児童が同居する家庭における配偶者、家族に対する暴力 (4)　保護の怠慢、拒否（ネグレクト） 　　保護の怠慢や拒否により健康状態や安全を損なう行為及び棄児
	2．その他の相談	父又は母等保護者の家出、失踪、死亡、離婚、入院、稼働及び服役等による養育困難児、棄児、迷子、虐待を受けた子ども、親権を喪失・停止した親の子、後見人を持たぬ児童等環境的問題を有する子ども、養子縁組に関する相談
保健相談	3．保健相談	未熟児、虚弱児、ツベルクリン反応陽性児、内部機能障害、小児喘息、その他の疾患（精神疾患を含む）等を有する子どもに関する相談
障害相談	4．肢体不自由相談	肢体不自由児、運動発達の遅れに関する相談
	5．視聴覚障害相談	盲（弱視を含む）、ろう（難聴を含む）等視聴覚障害児に関する相談
	6．言語発達障害等相談	構音障害、吃音、失語等音声や言語の機能障害をもつ子ども、言語発達遅滞、学習障害や注意欠陥多動性障害等発達障害を有する子ども等に関する相談。ことばの遅れの原因が知的障害、自閉症、しつけ上の問題等他の相談種別に分類される場合は該当の種別として取り扱う
	7．重症心身障害相談	重症心身障害児（者）に関する相談
	8．知的障害相談	知的障害児に関する相談
	9．発達障害相談	自閉症、アスペルガー症候群、その他広汎性発達障害、学習障害、注意欠陥多動性障害等の子どもに関する相談
非行相談	10．ぐ犯等相談	虚言癖、浪費癖、家出、浮浪、乱暴、性的逸脱等のぐ犯行為若しくは飲酒、喫煙等の問題行動のある子ども、警察署からぐ犯少年として通告のあった子ども、又は触法行為があったと思料されても警察署から法第25条による通告のない子どもに関する相談
	11．触法行為等相談	触法行為があったとして警察署から法第25条による通告のあった子ども、犯罪少年に関して家庭裁判所から送致のあった子どもに関する相談。受け付けた時には通告がなくとも調査の結果、通告が予定されている子どもに関する相談についてもこれに該当する
育成相談	12．性格行動相談	子どもの人格の発達上問題となる反抗、友達と遊べない、落ち着きがない、内気、緘黙、不活発、家庭内暴力、生活習慣の著しい逸脱等性格もしくは行動上の問題を有する子どもに関する相談
	13．不登校相談	学校及び幼稚園並びに保育所に在籍中で、登校（園）していない状態にある子どもに関する相談。非行や精神疾患、養護問題が主である場合には該当の種別として取り扱う
	14．適性相談	進学適性、職業適性、学業不振等に関する相談
	15．育児・しつけ相談	家庭内における幼児の育児・しつけ、子どもの性教育、遊び等に関する相談
	16．その他の相談	1〜15のいずれにも該当しない相談

出典　厚生労働省「児童相談所運営指針について」

(3)　保健所・市町村保健センター

　保健所は地域保健法に規定された、対人保健サービスのうち広域的に行うサービス、専門的技術を要するサービス及び多種の保健医療職種によるチームワークを要するサービス並びに対物保健サービス等を実施する第一線の総合的な保健衛生の行政機関である。児童福祉法では①児童の保健・予防に関する知識の普及、②児童の健康相談、健康診査、保健指導、③身体に障害のある児童及び疾病により長期にわたる療養を必要とする児童に対する療育指導、④児童福祉施設に対する栄養の改善その他衛生に関する助言を実施する。

　また市町村保健センターも、地域保健法に規定されており、地域住民に身近な対人保健サービスを総合的に行う拠点として、市町村に設置することができる。市町村保健センターは、①健康相談、②保健指導、③健康診査、④その他地域保健に関し必要な事業を実施している。

　保健所や市町村保健センターは、母子保健活動や医療機関との連携を通じて、養育支援が必要な家庭に対して積極的な支援を実施する等虐待の発生防止に向けた取り組みをはじめ、虐待を受けた子どもとその保護者に対して家族全体を視野に入れた在宅支援を行っている。

3．子ども家庭福祉の費用負担

(1)　子ども家庭福祉の財源

　子ども家庭福祉の推進は国の責務であることは児童福祉法にも明記されており、その費用は公費で負担されている。国の主な支出項目として、児童保護措置費、社会福祉施設等施設整備費などがある。地方自治体の財源としては、地方交付税交付金と国庫補助金等に大別できる。前者は、自治体の一般財源として、国は使途を制限することができない。一方、国庫補助金は目的をもって使用することになる財源である。児童福祉法に定められた実施にかかる費用については、それぞれに支弁者義務が定められ、国、都道府県・指定都市、市町村で財政負担割合が異なる（表4−6参照）。

表４－６　児童福祉施設の運営費・措置費負担割合

施設種別	措置権者※1	措置費支弁者※1	費用負担			
			国	都道府県 指定都市 中核市	市	町村
児童福祉施設※3	知事・指定都市長・児童相談所設置市市長	都道府県・指定都市・児童相談所設置市	1/2	1/2		
母子生活支援施設 助産施設	市長※2	都道府県	1/2	1/2		
		市	1/2	1/4	1/4	
	知事・指定都市長・中核市市長	都道府県・指定都市・中核市	1/2	1/2		
保育所 幼保連携型認定こども園 小規模保育事業(所)※4	市町村長	市町村	1/2	1/4※5		1/4

※1　母子生活支援施設、助産施設及び保育所は、児童福祉法が一部改正されたことに伴い、従来の措置（行政処分）がそれぞれ母子保護の実施、助産の実施及び保育の実施（公法上の利用契約関係）に改められた。
※2　福祉事務所を設置している町村の長を含む。福祉事務所を設置している町村の長の場合、措置費支弁者及び費用負担は町村となり、負担割合は市の場合と同じ。
※3　ファミリーホーム、自立援助ホームを含み、保育所、母子生活支援施設、助産施設を除いた児童福祉施設。
※4　子ども子育て関連三法により、平成27年４月１日より、幼保連携型認定こども園及び小規模保育事業も対象とされた。また、私立保育所を除く施設・事業に対しては利用者への施設型給付及び地域型保育給付（個人給付）を法定代理受領する形に改められた。
※5　指定都市・中核市は除く。
出典　厚生労働省「平成29年版厚生労働白書　資料編」p.201を一部改変

(2)　児童福祉施設等措置費

　児童福祉施設への入所には措置制度と利用契約制度などがある。措置制度は、乳児院、児童養護施設、児童心理治療施設、児童自立支援施設等への入所は利用されている。そこで支弁される費用を「措置費」といい、措置を決定した都道府県、市町村が支弁義務者となり施設や里親に支弁する。保護者に対しては応能負担で費用を徴収することができる。
　措置費は「事務費」と「事業費」に大別される。「事務費」は人件費や管理費の一般事務費と職員加算や乳児加算等の加算分であり、「事業費」は生活諸費、教育諸費、その他諸費となっている。

（3）　保育所等における利用方式

　保育所等の利用については、子ども・子育て支援新制度に基づき、保育所、認定子ども園等に対する施設型給付と小規模保育事業等への地域型保育給付としてそれぞれに財政措置が取られており、利用者負担分は応能負担で費用を徴収される。

　子ども・子育て支援新制度では保育所等の教育・保育施設の利用を希望するにあたり、子どもの年齢と保育の必要性の有無に応じて、支給認定を受ける。その後、認定こども園、公立保育所、地域型保育事業等を利用する場合は、保護者と施設・事業者が契約を結び、市町村から施設・事業者へ施設型給付または地域型保育給付を支払う。一方、私立保育所を利用する場合は、保護者と自治体が契約を結び、市町村から保育所へ委託費を支払う。保育料は応能負担で、世帯所得により各市町村ごとに定められている。

〈参考文献〉
こども家庭庁「すべてのこども・おとなに知ってほしいこども基本法とは？」2023年
内閣官房「こども政策の新たな推進体制に関する基本方針について」2021年

図4-3　子ども・子育て支援新制度における行政が関与した利用手続き

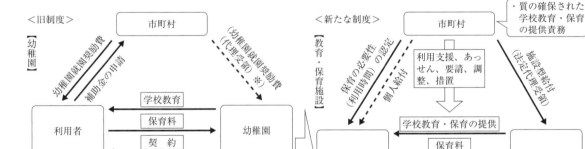

出典　内閣府「子ども・子育て支援新制度について（平成30年5月）」2018年

第**5**章

▶ ▶ ▶ 　　子ども家庭福祉の施設　　◀ ◀ ◀

キーポイント

　本章では子ども家庭福祉分野のさまざまな施設について、それぞれの役割と支援内容、またこれをふまえた今後の方向性について学ぶ。子ども家庭福祉にまつわる施設は、児童福祉法上「児童福祉施設」と呼ばれる。よってこの章では、この名称を用いる。

　子どもの課題が多様化する現代において、子ども家庭福祉にかかわる専門職は、自らの働く施設だけではなく、さまざまな施設についての知識をもち、その時々に応じて地域の関係専門職とお互い密接に関係をもって連携していくことが求められる。そのためにも、それぞれの児童福祉施設は、どのような問題に、どのような形で対応できるところなのか、自らのアイデンティティを再確認し、地域における役割を確認する時期に来ている。

　特に近年、社会的養護にかかわる施設は大きな変革期を迎えている。これらについても概観し、今後の児童福祉施設のあり方について、考察を深めるきっかけとしたい。

1　児童福祉施設の役割と種類・運営

1．児童福祉施設の役割

　児童福祉法において、児童福祉施設は「助産施設、乳児院、母子生活支援施設、保育所、幼保連携型認定こども園、児童厚生施設、児童養護施設、障害児入所施設、児童発達支援センター、児童心理治療施設、児童自立支援施設、児童家庭支援センター及び里親支援センター」であることが第7条に規定されている。これら児童福祉施設は、何のために設置・運営されているのであろうか。

　児童福祉法第2条には「全て国民は、児童が良好な環境において生まれ、かつ、社会のあらゆる分野において、児童の年齢及び発達の程度に応じて、その意見が尊重され、その最善の利益が優先して考慮され、心身ともに健や

かに育成されるよう努めなければならない」とある。これらを達成するためには、さまざまな法制度や社会環境が整えられなければならない。児童福祉施設は、そのために活用される社会資源の一つである。そのため、子どもの「最善の利益が優先して考慮され」、「意見が尊重され」る場であり、「心身ともに健やかに育成される」ために活用される「良好な環境」として存在していると言える。

　2000（平成12）年前後の社会福祉基礎構造改革以降、社会福祉関係のサービスの多くは、自らの意志でサービスを自由に選択し、契約に基づいて利用する「利用契約制度」をとるようになった。しかし、子ども家庭福祉分野の施設に関しては、行政が福祉サービスの必要性を判断して、行政権限としての措置でサービスが提供される「措置制度」をとる場合が他分野と比較して多い。これは、子ども自身の意思は尊重しつつも年齢等の理由で判断力が十分でないと考えられる場合や、虐待や非行等何らかの課題があり、本人や家族の意志に反して施設入所をする場合などがあるためである。乳児院や児童養護施設、児童心理治療施設や児童自立支援施設等は、原則的に児童相談所の措置に基づいて入所する施設である。

2．児童福祉施設の種類

　この項では児童福祉法上に児童福祉施設として設定されている施設について解説する。なお、文章中の統計的数値は、特に明記がない限り、2018（平成30）年2月に行われた「児童養護施設入所児童等調査結果」によるものである。

(1)　助産施設（児童福祉法第36条）
　保健上必要があるにもかかわらず、経済的な理由により、入院助産を受けることができない妊産婦を入所させて、助産を受けさせることを目的とする施設である。
　実際には助産施設という建物があるわけではなく、産科のある病院や助産所が助産施設として提供される。

(2)　乳児院（児童福祉法第37条）
　父母の精神疾患、ネグレクト、経済的理由など、家庭では安定した生活環境の確保が難しい場合に、乳児から小学校就学前までの子どもが入所し、生活する施設である。

『乳児院運営ハンドブック』には、乳児院の役割と理念として「乳幼児の生命を守り育む」「乳児の緊急一時保護対応を含む一時保護（所）機能」「保護者・家族への支援、地域（里親含む）への子育て支援」があげられている。

　乳児院の使命は、子どもに「大人に守られ、大切にされ、安心して生活できる環境を提供する」ことであり、この世の中に「信頼に足る大人がいることを示す」ことである。お腹がすいた、暖かくて気持ちが良い、眠くなってきた等の思いを何らかの形で表現する子どもに反応し、対応する大人がいる。自分の行動に対して誰かから肯定的な反応が返ってくる、という体験を日々繰り返すことで、その子どものなかに世の中に対する信頼感が育まれ、それはやがて自己肯定感を形成する基礎となる。

　また、乳児院の仕事は入所している子どもを養育し、その発達を支えることだけではなく、子どもの保護者に対する支援、退所後の本人と家族へのアフターケアも含まれている。つまり、子どもの家族を支援することは、その子どもの育ちを支えることにつながるのである。

　さらには、入所している子どもとその家族だけではなく、育児相談やショートステイ等、地域の子育て機関としても重要な役割を担うことが期待されている。

(3)　母子生活支援施設（児童福祉法第38条）

　配偶者のない女性またはこれに準ずる事情にある女性およびその者の監護すべき子どもを入所させ、保護するとともに、この母子の自立の促進のために生活を支援する施設である。合わせて、退所した者について相談その他の援助も行う。夫等からの暴力や、夫が行方不明中や拘留中等のために、実質的に母子家庭と同じような状況にある家庭も利用できる。

　母子生活支援施設は、子どもと親を一体的に支援することができるという特徴がある。母親が入所を選択した理由は、配偶者等からの暴力と経済的理由および住宅事情を合わせて約8割を占める。また、入所児童の半数以上に被虐待経験がある一方、母親にも心身の障害がある、幼いころの被虐待経験がある、移住外国人である等、何らかの支援を必要としていることが多い。入所している世帯の約4割の母親は、適当な住宅がみつかりさえすればすぐに、あるいは1年以内を目途に退所できると考えられる一方、後の約6割の母親は自立にはそれ以上の時間や支援が必要な状況にある。

　全国母子生活支援施設協議会が2015（平成27）年に発表した『私たちのめざす母子生活支援施設（ビジョン）報告書』では、地域で生活しているひとり親家庭が、必要とする支援を適切に選択することができるシステムの構築

が必要とした上で、母子生活支援施設は、これまで蓄積したノウハウをもとに、ひとり親家庭のニーズを把握し、地域の子育て支援事業や相談事業を展開していくなどして、その役割を担うことが可能としている。母子生活支援施設は、ひとり親世帯が地域のなかで孤立することなく、子どもの育ちが守られ、貧困の連鎖を断ち切れるように、母子家庭だけではなく、父子家庭も含むすべてのひとり親家庭への新たな支援のあり方を提案すべきとしている。またそれらを展開していくために、本体施設の運営や支援の専門性の向上を充実させなければならないとしている。

（4）　保育所（児童福祉法第39条）

保育を必要とする乳児・幼児を日々保護者の下から通わせて保育を行うことを目的とする施設である。保育所における日々の支援（保育）は保育所保育指針に基づいて行われている。

保育所は入所している子どもにとって最善の利益を考慮し、その福祉を積極的に増進することに最もふさわしい生活の場でなければならない。

就学前の子どもを対象とした施設ではあるが、その子どもの親、ひいては地域の親子に対する子育て支援の機能をもつ施設としての役割も期待されている。一般的な保育以外にも、延長保育や休日保育、病児保育など、保護者の勤務状況や子どもの状況に合わせ、多様な保育サービスが行われている。

（5）　幼保連携型認定こども園（児童福祉法第39条の2）

義務教育およびその後の教育の基礎を培うものとしての満3歳以上の幼児に対する教育および保育を必要とする乳児・幼児に対する保育を一体的に行い、これらの乳児または幼児の健やかな成長が図られるよう適当な環境を与えて、その心身の発達を助長することとともに、保護者に対する子育ての支援を行うことを目的とする施設である。

2006（平成18）年10月に制定された「就学前の子どもに関する教育、保育等の総合的な提供の推進に関する法律」により認定こども園が創設された。その後、2015（同27）年に子ども・子育て支援新制度がスタートする時期に合わせて、幼保連携型認定こども園が児童福祉法上の児童福祉施設に加えられた。

この施設内での支援（教育・保育）は、幼保連携型認定こども園教育・保育要領に基づいて実施されている。また、子どもを直接支援する職員は保育教諭と呼ばれており、幼稚園教諭と保育士の両免許をもつ。

(6) 児童厚生施設 （児童福祉法第40条）

　児童厚生施設には、児童遊園や児童館等がある。子どもに健全な遊びを与えて、その健康を増進し、または情操を豊かにすることを目的とする施設である。特定の子どもだけを対象としているわけではなく、18歳未満のすべての子どもを対象とした施設である。どのような子どもでも自由に遊び、くつろぎ、さまざまな活動に参加し、また幅広い年齢の子どもたちに出会い、過ごすことができる。

　特に児童館は、遊びを通じての集団的・個別的指導、健康の増進、小学生の放課後の居場所、母親クラブや子育てサークル等の地域組織活動の育成・助長、中学生や高校生といった年長児童への居場所づくり、子育て家庭への相談窓口など、その活動内容は多岐にわたっており、また地域に根差したものとなっている。

(7) 児童養護施設 （児童福祉法第41条）

　保護者のない児童、虐待されている児童その他環境上養護を要する児童を入所させて、これを養護し、あわせて退所した者に対する相談その他の自立のための援助を行うことを目的とする施設である。おおむね２歳以上の子どもが入所しているが、安定した生活環境の確保その他の理由により特に必要のある場合には、乳児等も入所可能である。また、原則18歳まで入所できるが、措置延長の場合は20歳まで支援が可能である。さらに、2022（令和４）年の児童福祉法改正で児童自立生活援助事業の対象者の年齢要件の弾力化が図られ、都道府県知事が認めれば満20歳以降も施設等に入所等し続けることが可能となった。

　入所児のうち、被虐待経験のある子どもは約６割、何らかの障害がある子どもは約４割となっている。

(8) 障害児入所施設 （児童福祉法第42条）

　障害がある子どもを入所させ、支援を行うことを目的とする施設である。この施設は、保護並びに日常生活における基本的な動作及び独立自活に必要な知識技能の習得のための支援を行う「福祉型障害児入所施設」と、これらの支援に加えて治療を行う「医療型障害児入所施設」の２種類がある[1]。

(9) 児童発達支援センター （児童福祉法第43条）

　地域の障害児の健全な発達において中核的な役割を担う機関として、障害児を日々保護者の下から通わせて、高度の専門的な知識及び技術を必要とす

※1　これらの施設は従来、入所児に対して「日常生活の指導」や「知識技能の付与」を行う施設とされてきたが、2022（令和４）年の児童福祉法改正により、本文の通り、その役割が改正された。

る児童発達支援を提供し、あわせて障害児の家族、指定障害児通所支援事業者その他の関係者に対し、相談、専門的な助言その他の必要な援助を行うことを目的とする施設である[※2]。

　この施設と障害児入所施設は、2012（平成24）年にそれまであったさまざまな障害児関係の施設を再編して創設された。この時、国は、障害児を「他の子どもと異なる特別な存在ではなく、他の子どもと同じ子どもであるという視点を欠いてはならない」「障害児は『小さな障害者』（障害者である子ども）ではなく『子ども』である」という考えに基づいてこの再編を行ったという背景がある。つまり、これらの施設は発達上何らかの支援を必要とすると思われるすべての子どもを対象と考えることができる。このように考えると、障害という言葉を冠しない、「児童発達支援センター」という名前のもつ意味は大きいと言える。

　また、この施設は従来「医療型」と「福祉型」の区別があったが、2022（令和4）年の児童福祉法改正により、2024（令和6）年度からこの2つが一元化されることになった。この改正は、障害種別にかかわらず、身近な地域で必要な発達支援を受けられるようにするという理念をさらに進めることを意図して行われたものである。

⑽　児童心理治療施設（児童福祉法第43条の2）

　家庭環境、学校における交友関係その他の環境上の理由により社会生活への適応が困難となった子どもを、短期間入所させ、または保護者の下から通わせて、社会生活に適応するために必要な心理に関する治療および生活指導を主として行い、あわせて退所した者について相談その他の援助を行うことを目的とする施設である。

　児童心理治療施設は、主に生活支援をする保育士や児童指導員、心理的なケアをする心理療法担当職員、医療的なケアをする医者や看護師、さらには子ども達の通う学校の教員等、子どもにかかわるすべての大人の連携のもと、子どもの生活する環境すべてを視野に入れて、環境の調整をもって子どもの心理的治療を図る。これを総合環境療法という。

　入所児のうち、被虐待経験のある子どもは約8割、何らかの障害がある子どもも約9割となっている。

⑾　児童自立支援施設（児童福祉法第44条）

　不良行為をなし、またはなすおそれのある子どもおよび家庭環境その他の環境上の理由により生活指導等を要する子どもを入所させ、または保護者の

※2　これらの施設は従来、通所児に対して「日常生活における基本的動作の指導」や「集団生活への適応のための訓練」などを行う施設とされてきたが、2022（令和4）年の児童福祉法改正により、本文の通り、その役割が改正された。

下から通わせて、個々の児童の状況に応じて必要な指導を行い、その自立を支援し、あわせて退所した者について相談その他の援助を行うことを目的とする施設である。

　何らかの反社会的・非社会的行動をとる子どもが多く入所している施設ではあるが、施設内の支援はそのような子どもを矯正するというよりは、育て直すという考え方で運営されている。実際に入所児のうち、被虐待経験のある子どもは約7割にのぼる。このことから、この施設に入所してくる子どもは、安心で安全な、落ち着いた生活を送ってきた経験に比較的乏しいと考えられる。『児童自立支援施設運営ハンドブック』では、このような子どもに「枠組みのある生活（セルフコントロールと生活の構造化）」や、「基本的欲求の充足」「生活センスやあたたかさ、被包感があり、信頼と感謝と権威のある雰囲気づくり」「基本的な信頼関係の構築」などを通じて生活環境を提供する事の大切さが述べられている。

　また、入所児のうち、何らかの障害がある子どもは約6割となっており、特に近年はADHD※3などの発達障害の子どもが多くみられる傾向がある。

※3　ADHD
　　第8章p.118参照。

⑿　児童家庭支援センター（児童福祉法第44条の2）

　地域の児童の福祉に関する各般の問題につき、児童に関する家庭その他からの相談のうち、専門的な知識および技術を必要とするものに応じ、必要な助言を行うとともに、市町村の求めに応じ、技術的助言その他必要な援助を行うほか、児童相談所や都道府県知事の措置の委託としての指導を行い、あわせて児童相談所、児童福祉施設等との連絡調整その他の援助を総合的に行うことを目的とする施設である。職員に対しては、個人の身上に関する守秘義務が示されている。

⒀　里親支援センター（児童福祉法第44条の3）

　里親支援事業を行うほか、里親及び里親に養育される児童並びに里親になろうとする者について相談その他の援助を行うことを目的とする施設である。2022（令和4）年の児童福祉法改正により、新たに児童福祉施設として位置づけられた。里親支援事業とは、里親の普及啓発、里親の相談に応じた必要な援助、施設に入所している子どもと里親相互の交流の場の提供、里親の選定・調整、委託児童等の養育の計画作成などを指す。

3．児童福祉施設の運営

(1)　児童福祉施設の設備及び運営に関する基準について

　児童福祉法第45条には、「都道府県は、児童福祉施設の設備及び運営について、条例で基準を定めなければならない」とされており、この条例について都道府県が定める際には、「児童福祉施設の設備及び運営に関する基準」が参照される。この基準はあくまでも最低基準であり、各児童福祉施設はこの基準を超えて、常にその設備および運営を向上させる義務がある。

　児童福祉施設の設備及び運営に関する基準の第5条には、児童福祉施設の一般原則として、①子ども一人ひとりの人権に配慮し、人格を尊重すること②地域交流と連携を図り、子どもの保護者や地域に運営内容を適切に説明すること、③運営内容を自ら評価し、結果を公表すること、④施設の目的を達成するための設備を設けること、⑤子どもの保健衛生や危害防止に十分な配慮をもった構造であることの5つがあげられている。

(2)　児童福祉施設で働く職員

　児童福祉施設で働く職員については、児童福祉施設の設備及び運営に関する基準にその職種、人数、資格などが定められている。

　同基準には、児童福祉施設で働く職員の一般的な要件として、「健全な心身を有し、豊かな人間性と倫理観を備え、児童福祉事業に熱意のある者であつて、できる限り児童福祉事業の理論及び実際について訓練を受けた者」をあげている。また、各職員には、自己研鑽を積み知識や技能を習得、維持、向上させるよう努力をする義務を課している。そのため、各施設は職員の研修の機会を確保しなければならないとしている。

　表5−1は児童福祉施設で働く主な専門職についてまとめたものである。

表5−1　児童福祉施設に配属される主な専門職

専門職	配属先	業務内容
児童指導員	乳児院・児童養護施設・障害児入所施設・児童発達支援センター・児童心理治療施設	児童の生活指導を行う。
保育士	乳児院・保育所・児童養護施設・障害児入所施設・児童発達支援センター・児童心理治療施設	専門的な知識と技術に基づいて、児童の保育と児童の保護者に対する保育に関する指導を行う。
家庭支援専門相談員	乳児院・児童養護施設・児童心理治療施設・児童自立支援施設	早期家庭復帰と親子関係の再構築を図るために配置される。施設入所前から退所後のアフターケアに至るまで、総合的な家庭環境調整を行う。里親支援や養子縁組支援、施設内職員の指導、地域子育て家庭支援などの業務も行う。
里親支援専門相談員	里親支援を行う乳児院・児童養護施設	里親およびファミリーホームの推進と里親支援の充実を図るために配置。里親の新規開拓や里親を対象とした研修、相談、里親サロンの運営、レスパイトケアの調整、アフターケアなどを行う。 直接処遇職員のローテーションには入らない。必要に応じて、都道府県の所管区域を越えて支援ができる。
心理指導担当職員	児童養護施設・児童自立支援施設・乳児院・母子生活支援施設・児童心理治療施設・障害児入所施設 ※それぞれ心理治療対象児童の人数により配置人数が規定されている	心理療法を実施し、心理的な困難を改善し、安心感・安全感の再形成および人間関係の修正等を図ることで、自立を支援することを目的とする。生活場面面接や施設職員への助言および指導も行う。
個別対応職員	乳児院・児童養護施設・児童心理治療施設・児童自立支援施設・母子生活支援施設	被虐待児童など個別対応が必要な子どもへの面接や保護者対応を行う。
児童の遊びを指導する者	児童厚生施設	児童の遊びを指導する。
職業指導員	実習設備を設けて施設内職業指導を行う児童養護施設・児童自立支援施設 職業指導を行う福祉型障害児入所施設	職業指導を行う。
母子支援員	母子生活支援施設	母子の生活指導を行う。
少年を指導する職員		子どもの生活指導を行う。
児童自立支援専門員	児童自立支援施設	児童の自立支援を行う。
児童生活支援員		児童の生活支援を行う。
児童発達支援管理責任者	障害児入所施設・児童発達支援センター	障害児通所支援または障害児入所支援の提供の管理を行う。
保育教諭	幼保連携型認定こども園	保育所と同様の保育と、幼稚園と同様の教育を行う。

出典　「児童福祉施設の設備及び運営に関する基準」および「児童福祉法に基づく指定通所支援の事業等の人員、設備及び運営に関する基準」および「家庭支援専門相談員、里親支援専門相談員、心理療法担当職員、個別対応職員、職業指導員及び医療的ケアを担当する職員の配置について」をもとに筆者が作成

2　これからの児童福祉施設の課題

1．子どもの課題の多様化

　虐待を受けた子どもや発達障害がある子ども、LGBTQをはじめとした多様なセクシュアリティの子ども、外国にルーツのある子どもやヤングケアラー[※4]、貧困家庭の子ども等、何らかの特別な配慮を要するケースが近年になって多く認識されるようになった。

　また子どもを取り巻く環境も、日々大きく変化している。例えば、内閣府の2022（令和4）年度の調査[※5]によると、わが国の青少年のうち98.5%が何らかの機器を使用してインターネットを活用している。これにより、子どもたちがさまざまな情報を受信あるいは発信できるというメリットが生まれたが、一方でSNS（ソーシャルネットワーキングサービス）でのコミュニケーションによるトラブルや、インターネットサービスへの高額課金、ゲーム依存、個人情報の管理など、10年前では考えられなかったさまざまな問題が新たに散見されるようになった。

　子どもの支援にかかわる専門職は、現代の子どもたちがどのような状況にいるのか、またどのような支援が必要なのか、意識的に情報を収集し、見識を深め、日々の支援に生かしていかなければならない。

　これらのケースは、経済的な事情、成育歴、心身の健康状態、その土地の文化性や家族の考え方などさまざまな事情が複雑に絡み合ったなかから問題化していることも多いため、子ども本人へのサポートばかりでなく、その家族に対するサポートや、コミュニティ全体に対するサポートなどさまざまな社会資源を連携させて支援にあたらねばならない。また、医療、心理、福祉、教育、行政など、さまざまな観点からのサポートが必要になる。そのため、児童福祉施設の職員は多くの関係機関の専門職と連携して支援を行わねばならない。

2．地域における役割

　多くの児童福祉施設には、当該児童福祉施設に入所・通所している子どもだけではなく、地域の子どもや子育て家庭に対する支援を積極的に行うことが求められている。

　なぜならば、児童福祉施設は、子どものケアにかかわる専門家が常にいる

※4　日本ケアラー連盟は「家族にケアを要する人がいる場合に、大人が担うようなケア責任を引き受け、家事や家族の世話、介護、感情面のサポートなどを行っている、18歳未満の子どものこと」と定義している。日々の学校生活や進路選択、恋愛、結婚など、人生のさまざまな節目でケアラー役割との葛藤があったり、あるいはケアラーだからこそ踏み出せる決断があったりといった経験がある。

※5　内閣府政策統括官　共生社会政策担当『令和4年度　青少年のインターネット利用環境実態調査調査結果（速報）』2023年2月　内閣府

場所だからである。前述したとおり、子どもをとりまく課題が多様化している現代において、各児童福祉施設は、専門的な支援が可能な場所として地域に存在する意味を認識し、地域においてどのような役割を果たしていくことができるのか、今の社会における自らの役割を考える時期に来ている。

3．社会的養護分野に関する変化

　児童福祉施設のなかでも、特に社会的養護にかかわる施設は、現在大きな変革期を迎えている。
　2017（平成29）年の児童福祉法改正の際、第3条の2が以下のように改正された。

児童福祉法　第3条の2

> 　国及び地方公共団体は、児童が家庭において心身ともに健やかに養育されるよう、児童の保護者を支援しなければならない。ただし、児童及びその保護者の心身の状況、これらの者の置かれている環境その他の状況を勘案し、児童を家庭において養育することが困難であり又は適当でない場合にあつては児童が家庭における養育環境と同様の養育環境において継続的に養育されるよう、児童を家庭及び当該養育環境において養育することが適当でない場合にあつては児童ができる限り良好な家庭的環境において養育されるよう、必要な措置を講じなければならない。
>
> ※下線は筆者による

　この条文について、国は「家庭における養育環境と同様の養育環境」を、養子縁組による家庭、里親家庭、ファミリーホーム（小規模住居型児童養育事業）と想定し、「できる限り良好な家庭的環境」を、施設のうち小規模で家庭に近い環境（小規模グループケアやグループホーム等）と想定している。
　つまり、長年児童養護施設の半数以上を占めていた大舎制の施設を小規模グループケアや地域小規模児童養護施設などのできるだけ小規模な単位で運営していく動き、さらには里親制度を推進する動きがある。これにより、より一般家庭に近い生活環境を子どもたちに提供できる可能性が高まる一方、児童養護施設では職員の家事の負担が増える、先輩職員から後輩職員への現任訓練（OJT）が難しいなど、これまでは想定もしていなかった課題も認識されることとなった。近年、各施設は、職員の働き方や配置方法、研修体制のあり方にさまざまな工夫をしつつ対処している。「できる限り良好な家庭的環境」とはどのようなものか、永続的解決（パーマネンシー保障）はどのようになされるべきか、自立に向けた支援のあり方や施設利用後のアフターケアのあり方などはどうするべきか等、考えなければならない課題は多い。

4．子どもの意見聴取等の仕組みの整備について

　2022（令和 4）年の児童福祉法改正により、子どもの権利擁護の環境整備を行うことが都道府県の義務として位置づけられ、児童相談所等は入所措置や一時保護等の際に児童の最善の利益を考慮しつつ、児童の意見・意向を勘案して措置を行うため、児童の意見聴取等の措置を講ずることとされた。また、子どもの福祉に関し知識または経験を有する者（意見表明等支援員）が意見聴取等により意見または意向を把握するとともに、それを勘案して児童相談所、都道府県その他関係機関との連絡調整等を行う意見表明等支援事業が新たに創設された。

　子どもの意見表明権の保障として、制度整備がなされた意味は大きい。しかし、実際に意味あるものとして運用されるためには、かかわる大人一人ひとりの子ども観が大きく影響するということを大切にしていきたい。

〈引用・参考文献〉
障害児支援の在り方に関する検討会『今後の障害児支援の在り方について（報告書）〜「発達支援」が必要な子どもの支援はどうあるべきか〜』2014年
日本ケアラー連盟「ヤングケアラープロジェクト」
https://youngcarerpj.jimdofree.com/
雇用均等・児童家庭局『児童養護施設入所児童等調査結果（平成30年 2 月 1 日現在)』2020年
雇用均等・児童家庭局家庭福祉課『乳児院運営ハンドブック』2014年
私たちのめざす母子生活支援施設（ビジョン）策定特別委員会『私たちのめざす母子生活支援施設（ビジョン）報告書』社会福祉法人　全国社会福祉協議会　全国母子生活支援施設協議会　2015年
厚生労働省雇用均等・児童家庭局家庭福祉課『児童自立支援施設ハンドブック』2014年
新たな社会的養育の在り方に関する検討会『新しい社会的養育ビジョン』2017年

コラム　知らない（not knowing）という姿勢

　子どもに対して「〜してあげる」あるいは「〜させる」という視点でかかわろうという大人は多い。「子どもは弱い存在であるから守ってあげなければならない」「子どもは未熟で無知な存在であるから、できないことやわからないことは、代わりにしてあげなければならない」「周囲の大人がきちんと教え導いて学ばせないといけない」……。

　確かに、子どもはおおむね大人よりも体が小さく、力が弱く、知識や知恵、もっている情報や社会の一般常識が少ない存在であることが多いため、多くのサポートが必要ではある。だからこそ大人は、子どものもっている力や判断力を過小評価しやすい。大人である自分の方が「よく知っている」のだからと自らの判断に従わせることを重視し、子どもの意見を未熟で浅薄な判断から出たものと考え、切り捨ててしまうようなことが起こりやすい。

　この本の読者のなかには、ゆくゆくは児童福祉施設の職員になりたいという夢をもつ人もいるだろう。児童福祉施設で働く職員をはじめ、子どもにかかわる専門職は、どんなに相手が小さく、また無力であるように見えても、まずは相手の思いや考えを知ろうと努力し、子どもの意見表明権を保障する態度でいることが大切であろう。

　そのためには「私は目の前にいるこの子ども、この人の、今現在この瞬間の思いや考えをすべて丸ごと同じように知っているわけではない、むしろ何も知らない（not knowing）。何も知らないからこそ、あなたのことを知りたい」という熱意をもち、それぞれの専門性をもってかかわることが有効になる。それこそが、子どもを一人の人間として尊重する視点であると言えるのではないだろうか。

第**6**章

▶ ▶ ▶　　　　社会的養護　　　◀ ◀ ◀

キーポイント

　日本において、保護者等との分離が必要となり、施設や里親等で生活している子どもは約４万2,000人である。児童養護施設等への入所理由の背景は、複雑・重層化しており、何かしらの障害のある子どもも増加傾向にある。このような子どもを公的責任において社会的に養育し、合わせてその家庭への支援を行うことを社会的養護という。
　児童養護施設や里親等の運営指針では、「子どもの最善の利益のために」と、「すべての子どもを社会全体で育む」という２つの考え方を基本理念としている。そして、①家庭的養護と個別化、②発達の保障と自立支援、③回復をめざした支援、④家族との連携・協働、⑤継続的支援と連携アプローチ、⑥ライフサイクルを見通した支援の６つの「社会的養護の原理」を示し、施設・里親等の共通の指針となっている。社会的養護に関わる保育士は、一人ひとりに応じた適切な支援方法を心理療法担当職員等の専門職と連携しながら展開し、子どもの最善の利益を追求した養育を行う必要がある。

1　社会的養護の体系

1．社会的養護の定義

　社会的養護について、厚生労働省は「保護者のない児童や、保護者に監護させることが適当でない児童を、公的責任で社会的に養育し、保護するとともに、養育に大きな困難を抱える家庭への支援を行うこと」としている。また、2017（平成29）年に厚生労働省から発出された「新しい社会的養育ビジョン」では、社会的養護の定義について、保護者や子どもの意向を尊重しつつも、子どもの成長発達の保障のために、保護者や子どもへの直接的な支援を届けることが必要であると行政機関が判断し、サービスの開始と終了に行政機関が関与する形態としている。具体的には、児童家庭支援センターの指導や、子育て短期支援事業の利用等がある。児童相談所の虐待相談件数のうち、

実際に施設入所する割合は5％に満たないため、特に社会支援のニーズの高い家庭への支援は重要となる。そして、社会的養護のうち、保護者との分離が必要となり、施設や里親等に入所している場合を特に「代替養育」と呼ぶこととされた。

　つまり、社会的養護を広義にとらえれば、在宅における支援も含まれるが、他章で取り上げているので、本章では狭義の社会的養護（施設や里親等による代替養育）を主に取り上げる。

2．家庭養護と施設養護の位置づけ

　図6－1は、社会的養護の体系を表したものである。狭義の社会的養護は「家庭養護」と「施設養護」に大別される。現在、日本においては里親等の家庭養護への委託推進が図られている。施設養護においては、ケア単位の小規模化やグループホームの設置推進が図られ、旧来の集団養育を中心とした養育形態から、より家庭的な環境が用意できるよう施策が進んでいる。

図6－1　社会的養護の体系

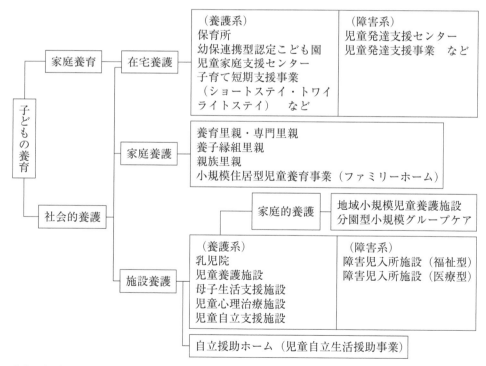

出典　相澤仁・林浩康編『新・基本保育シリーズ⑥　社会的養護Ⅰ（第2版）』中央法規出版　2023年　p.78、喜多一憲監修『子ども家庭福祉』みらい2020年　p.131をもとに筆者作成

(1)　施設養護

　施設養護は、要保護児童への養育を主とする乳児院や児童養護施設の他に、障害児を対象に、養育や日常生活の指導、知識技能の付与を行う障害児入所施設（福祉型）とそこに治療を含める障害児入所施設（医療型）、心理的問題を抱え、社会生活への適応が困難な子どもに対し、医療的な視点から、生活支援や心理治療を行う児童心理治療施設、不良行為等のある児童の自立支援を行う児童自立支援施設、母子の生活・就業支援等を行う母子生活支援施設がある。また、児童福祉施設ではないが、児童養護施設等を退所した後、自立生活援助が必要な退所児等が生活する自立援助ホームがある。

　施設養護の中で、最も多いのが児童養護施設であり、全国に612か所設置されている（2021（令和3）年3月末）。児童養護施設では、建物の形態は、大舎制、中舎制、小舎制に分かれる。大舎制は、1養育単位の定員数が20人以上である。中舎制は、1養育単位が13〜19人であり、施設内で複数のユニットに分かれて生活している施設も多い。小舎制は、1養育単位が12名以下であり、建物がユニットごとに独立して建てられている施設も多い。

　施設養護では、保育士以外にもさまざまな専門職が配置されている。保育士は家庭支援専門相談員等のソーシャルワーカー、その他の専門職と情報共有・連携を行い、日常生活を中心に支援を行う。また、子どもの通う保育所や学校行事の参加等を通して、地域社会との連携を図ることも求められる。なお、乳児院や児童養護施設等の設備や職員配置については「児童福祉施設の設備及び運営に関する基準」に明記されている。

(2)　家庭的養護

　家庭的養護は一般的にグループホームといわれ、児童養護施設等において、本体施設から離れた一般の家庭と同様の環境下で養育を行う。家庭的養護には、「地域小規模児童養護施設」と「分園型小規模グループケア」[※1]がある。家庭的養護の特徴として、一般家庭に近い生活体験をもちやすいことや、日課や規則等による管理的な養育体制になりやすい大舎制と異なり、柔軟に運営できること等があげられている。

　地域小規模児童養護施設は、近隣住民との適切な関係を保ち、家庭的な環境の中で、子どもの社会的自立の促進に寄与することを目的としている。職員は、常勤2名（保育士または児童指導員）とその他の職員（非常勤可）が配置され、定員は4人〜6人である。

　分園型小規模グループケアは、被虐待児等の増加により、できる限り家庭的な環境の中で職員との個別的な関係を重視したきめ細やかなケアを提供し

※1
小規模グループケアは、①本体施設の敷地内で行うものと、②本体施設の敷地外においてグループホームとして行うものがあり、②を「分園型小規模グループケア」という。

ていくことを目的としている。職員は、専任の職員1名（保育士または児童指導員。ただし、児童自立支援施設にあっては、児童自立支援専門員又は児童生活支援員）および管理宿直等職員（非常勤可）が配置される。定員は、乳児院と児童養護施設が4人〜6人、児童心理治療施設と児童自立支援施設が5人〜6人である。

(3) 家庭養護

里親、小規模住居型児童養育事業（以下、ファミリーホーム）を家庭養護という。「里親及びファミリーホーム養育指針」では、「家庭の要件」として、①一貫かつ継続した特定の養育者の確保、②特定の養育者との生活基盤の共有、③同居する人たちとの生活の共有、④生活の柔軟性、⑤地域社会に存在といった5つの要件が示されている。養育者の家庭に児童を迎え入れ、プライベートも共有しながら養育にあたることが家庭養護の特徴である。

3. 里親とファミリーホーム

(1) 里親

里親制度は、児童福祉法第6条の4に規定されており、養育里親、養子縁組里親、親族里親に分類されている。なお、養育里親のうち、一定の要件を満たした者が専門里親となることができる。

養育里親は、保護者のない児童又は保護者に監護させることが不適当であると認められる児童（以下、要保護児童）を養育する。里親の中で約8割の児童が養育里親に委託されている。認定要件として、①要保護児童の養育についての理解および熱意並びに児童に対する豊かな愛情を有していること、②経済的に困窮していないこと、③都道府県知事が行う養育里親研修を修了していることが示されている。

専門里親は、専門里親研修を修了していること等を要件とし、①子ども虐待等の行為により心身に有害な影響を受けた児童、②非行のある、もしくは非行に結び付くおそれのある行動をする児童、③身体障害、知的障害もしくは精神障害がある児童のうち、都道府県知事がその養育に関し特に支援が必要と認めた児童の養育を行う。なお、委託は2人以下とされている。

養子縁組里親は、要保護児童を養育すること及び養子縁組によって養親となることを希望する者で、都道府県知事が実施する養子縁組里親研修を修了していることが要件となる。養子縁組が成立するまでの期間の養育が主となり、養子縁組成立後は養育費の支払いはなくなる。

　親族里親は、要保護児童の両親その他要保護児童を現に監護する者が死亡、行方不明、拘禁、疾病による入院等の状態となったことにより、これらの者による養育が期待できない要保護児童の養育を希望する、民法に定められた扶養義務のある児童の祖父、祖母、兄弟姉妹が原則として養育を行う。

(2)　ファミリーホーム

　ファミリーホームは、2008（平成20）年児童福祉法改正時に創設された制度である。養育者となるには、乳児院や児童養護施設等の勤務経験や里親としての養育経験が必要である[※2]。委託児童は5〜6人であり、児童間の相互作用を活かしつつ養育を行うことに特徴がある。養育体制として2人の養育

表6-1　里親の種類とファミリーホーム

		対象となる児童	児童数	支給
養育里親		要保護児童	里親が養育する18歳未満の実子を含め6人（委託児童は4人）まで	事業費（一般生活費、学校に係る費用等）に加え里親手当（90,000円／1人）
	専門里親	要保護児童のうち ①子ども虐待等の行為により心身に有害な影響を受けた児童 ②非行のあるもしくは非行に結びつくおそれのある行動をする児童 ③身体障害、知的障害もしくは精神障害がある児童	委託児童2人以下	事業費に加え里親手当(141,000円／1人)
養子縁組里親		要保護児童	里親が養育する18歳未満の実子を含め6人（委託児童は4人）まで	事業費（縁組成立後の支給はない）
親族里親		①両親その他養育する者が死亡、行方不明、拘禁、疾病による入院等の状態となり、これらの者による養育が期待できない児童 ②当該親族里親が養育を希望し、扶養義務のある児童		事業費 ※里親手当の支給は原則ない
ファミリーホーム		要保護児童のうち、家庭における養育環境と同様の養育環境の下で児童間の相互作用を活かしつつ養育を行うことが必要とされた児童	委託児童5〜6人	事業費に加え事務費（人件費や事務執行に係る費用）等。

出典　厚生労働省「里親制度運営要綱」「小規模住居型児童養育事業（ファミリーホーム）実施要綱」「児童福祉法による児童入所施設措置費等国庫負担金について」をもとに作成

「小規模住居型児童養育事業（ファミリーホーム）実施要綱」では、養育者の要件として、①養育里親として2年以上同時に2人以上の委託児童の養育の経験を有する者、②養育里親として5年以上登録し、かつ、通算して5人以上の委託児童の養育の経験を有する者、③児童養護施設等において児童の養育に3年以上従事した者、④①から③までに準ずる者として、都道府県知事が適当と認めた者と示されている。また、2021（令和3）年3月の厚生労働省の通知により、養育者には養育里親であることが条件に加えられた。（ただし「令和2年4月1日時点において養育者であった者は、経過措置として令和5年3月31日までの期間は要件を満たしているものとみなす」と示されている。）

者（夫婦基本）および1人以上の補助者の配置が規定されているが、委託児童の養育にふさわしい家庭環境が確保される場合には、1人の養育者及び2人以上の補助者とすることができる。

ファミリーホームは、家庭養護ではあるが、第2種社会福祉事業と位置づけられ、事業体としての側面がある。そのため、事業費の支給の他に、児童養護施設等と同様に事務費が支給される（表6-1）。

(3) 養子縁組と里親・ファミリーホームの違い

養子縁組は、血縁関係がなくとも親子関係を結ぶことができる制度で、民法において規定する「普通養子縁組」と「特別養子縁組」とがある。普通養子縁組は、養子が成人でも行うことができ、縁組成立後も実親との法的関係は残り、戸籍には「養子」「養女」と記載される。一方、特別養子縁組は、養子となる「子の利益のために特に必要がある（民法第817条の7）」場合認められる制度で、養子の対象年齢は原則15歳未満であり、養親が養子となる子を6か月以上監護した上で、家庭裁判所の審判を経て成立する。実親との法的関係は消滅し、戸籍には「長男」「長女」等、一般の戸籍と同様に記載される。

養子縁組は、里親・ファミリーホームと同様に「家庭と同様の養育環境」と位置づけられているが、法律上親子関係になるため永続的な家庭（パーマネンシー）が保障される[※3]。その点は、児童福祉法に基づき原則18歳までが措置の対象であることや、18歳に至る前に実親の元に戻る可能性がある里親・ファミリーホームとは異なる。

2　社会的養護が必要な児童への支援

1．養護問題の動向

(1) 養護問題の変化

児童福祉法は、1947（昭和22）年に成立したが、当時は戦災孤児の保護を目的として施設収容する形が主であった。高度経済成長期以降は、人口の都市集中、核家族化、共働き夫婦やひとり親家庭の増加、地域社会の希薄化等をもたらし、家庭・地域における養育機能が低下した。このように、家庭における養育問題が生じる背景としては、社会構造が強く反映するため、かつ

ての孤児を中心とした救済から、現在では保護者が養育に困難を抱えた家庭への支援が必要となっている。

(2)　社会的養護を必要とする児童の動向

　近年、養護問題が発生する理由として、一般的に「虐待」とされる「放任・怠だ」「虐待・酷使」「棄児」「養育拒否」や実親の精神疾患が上位を占め、増加傾向にある（表6－2）。また、広汎性発達障害や軽度の知的障害等、何かしら障害のある児童も増加しており、児童養護施設においては約35％、里親においては約25％、ファミリーホームにおいては約45％の児童が障害を有している。

　入所に至る理由の背景は単純ではなく、さまざまな理由が絡んでいる。加えて何かしら障害のある児童も増加していることから、社会的養護が必要な子ども達のケアニーズは高くなっている。そのため、一人ひとりに応じた丁寧な支援が必要となる。

※3
パーマネンシーとは、子どもの生活の場の永続的解決のことで、(特別)養子縁組のことをいう。「新しい社会的養育ビジョン」では、「代替養育は本来は一時的な解決であり、家庭復帰、親族との同居、あるいは、それらが不適当な場合の養子縁組、中でも特別養子縁組といった永続的解決を目的とした対応を、児童相談所は、里親や施設と一致してすべての子どもに対して行われなければならない」と示されており、施設等への委託が長期的になることや措置変更等による養育者の変更を課題として示している。

表6－2　児童の措置理由の内訳（養護問題発生理由）

	平成30年	平成25年	平成15年	平成4年
虐待（放任・怠惰、虐待・酷使、棄児、養育拒否）	12,210 [45.2]	11,377 [37.9]	8,340 [27.4]	4,268 [16.0]
（父・母の）精神疾患等	4,209 [15.6]	3,697 [12.3]	2,479 [8.2]	1,495 [5.6]
破産等の経済的理由	1,318 [4.9]	1,762 [5.9]	2,452 [8.1]	939 [3.5]
（父・母の）拘禁	1,277 [4.7]	1,456 [4.9]	1,451 [4.8]	1,083 [4.1]
（父・母の）就労	1,171 [4.3]	1,730 [5.8]	3,537 [11.6]	2,968 [11.1]
児童問題による監護困難	1,061 [3.9]	1,130 [3.8]	1,139 [3.7]	1,662 [6.2]
（父・母・父母の）行方不明	761 [2.8]	1,279 [4.3]	3,333 [11.0]	4,942 [18.5]
（父・母の）入院	724 [2.7]	1,304 [4.3]	2,128 [7.0]	3,019 [11.3]
（父・母・父母の）死亡	684 [2.5]	663 [2.2]	912 [3.0]	1,246 [4.7]
父母の離婚	541 [2.0]	872 [2.9]	1,983 [6.5]	3,475 [13.0]
父母の不和	240 [0.9]	233 [0.8]	262 [0.9]	429 [1.6]
その他・不詳	2,830 [10.5]	4,476 [14.9]	2,400 [7.9]	1,199 [4.5]
総数	27,026 [100.0]	29,979 [100.0]	30,416 [100.0]	26,725 [100.0]

※　人数［　］内は%
出典　厚生労働省子ども家庭局家庭福祉課「社会的養育の推進に向けて（令和4年3月31日）」p.6をもとに作成

2．社会的養護問題と親権

「親権」は、民法によって規定されている。親権には、子どもの監護および教育の権利義務（第820条）、子どもの居場所を指定する権限（第822条）、親権者の許可を得なければ職業を営めない権限（第823条）、子どもの財産を管理し、財産に関する法律行為を代表する権限（第824条）がある。

なお、これまで親権には、子どもの監護および教育にあたり、必要な範囲内で「懲戒権」が認められていたが、2022（令和4）年の児童福祉法と児童虐待の防止等に関する法律の改正の内容である、「体罰の禁止の明確化」に関して民法を合わせる形で、懲戒権が削除され、監護および教育にあたっては、「子の人格を尊重するとともに、その年齢及び発達の程度に配慮し、かつ、体罰その他の子の心身の健全な発達に有害な影響を及ぼす言動をしてはならない」と、子の人格を尊重する等の内容が示された（第821条）。

(1)　子どもの最善の利益と親権

要保護児童の施設入所や里親、ファミリーホームへの措置を行う場合、親権者または後見人の同意が必要である（児童福祉法第27条第4項）。しかし、虐待等を理由に措置が必要であるにもかかわらず、親権者等の同意が得られない場合は、都道府県知事は家庭裁判所の許可を得て措置を行うことができる（同法第28条）。

なお、児童福祉施設の長は、入所中の児童で親権者または、未成年後見人のいない子どもに対し親権を行い（同法第47条）、児童相談所長は、里親、ファミリーホームに委託中の子どもで親権者、または未成年後見人のいない子どもに対し、親権を行うこととしている（同法47条第2項）。入所中又は里親、ファミリーホームへ委託中の子どもの中で、親権者や未成年後見人のある子どもについては、監護及び教育に関し、その子どもの福祉のため必要な措置をとることができるとされ（同法47条第3項）、親権者・未成年後見人は、これらの措置を不当に妨げてはならないことが規定されている（同法47条の4）。

さらに、親権者が親権を濫用等し、親権の行使が不適当あるいは困難である場合は、子ども本人やその親族、検察官等の他に、児童相談所長も親権喪失の審判を行うことができるとされている（同法第33条の7・民法834条）。なお、期限を定めて親権を制限する制度はなかったことから、2011（平成23）年より、最長2年と期限を設けて親権を一時停止させることができるようになった（民法834条の2）。

(2)　子ども虐待への対応

　2000（平成12）年に制定された「児童虐待の防止等に関する法律」により、虐待の定義化を行うことで、虐待の予防や早期発見等が図られてきた。その後、子ども虐待防止対策の強化を図るため、児童福祉法等と合わせた改正が行われている。

　2017（同29）年の改正では、虐待を受けている子どもの保護を図るため、家庭裁判所は、施設入所や里親委託等の措置の承認の申立てがあった場合、都道府県に対して期限を定めて、保護者指導を勧告することができることとなった（児童福祉法第28条第4項）等、司法の関与を強化する等の措置が講じられた。また、子どもへの接近禁止命令について、親権者等の意に反して施設入所等の措置がなされている場合にのみ行うことができたが、一時保護や親権者等の同意のもとでの施設入所等の場合にも行うことができると改正された（児童虐待の防止等に関する法律第12条の4第1項）。その他、児童相談所長が行う一時保護については、親権者等の意に反して2か月を超えて行う場合には、それまで、都道府県児童福祉審議会の意見を聴かなければならないとされていたところを、家庭裁判所の承認を得なければならないこととされた（児童福祉法第33条第5項）。

　2019（令和元）年の改正では、児童虐待の防止等に関する法律、児童福祉法、民法を含め、親権者や児童福祉施設の長等は、（児童福祉法第47条の3）その他、児童虐待防止対策の強化のため、児童相談所の体制強化、児童相談所の設置促進、関係機関間の連携強化などが示された。

3　社会的養護の支援過程

1．要保護児童が保護されるまでの支援過程

　児童福祉法第25条には、「要保護児童を発見した者は、これを市町村、都道府県の設置する福祉事務所若しくは児童相談所又は児童委員を介して市町村、都道府県の設置する福祉事務所若しくは児童相談所に通報しなければならない」と示されている。学校や保育所等からの相談を受け、調査を行い一時保護や措置等の援助方針を決定するのは、行政機関である児童相談所である。相談を受理した後、各家庭の状況に応じて、児童福祉司等による「社会診断」、児童心理司等による「心理診断」、医師による「医学診断」等が行わ

図6－2　児童相談所における相談援助活動の体系・展開

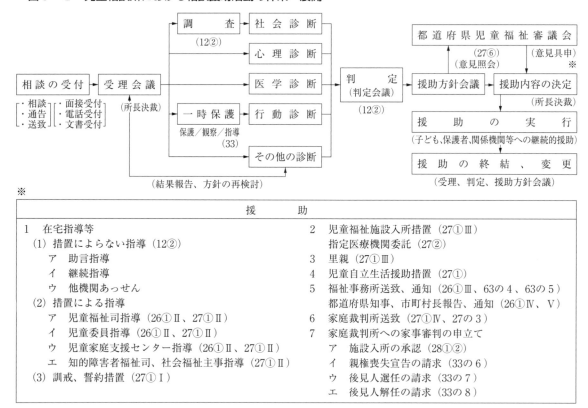

出典　厚生労働省雇用均等・児童家庭局「児童相談所運営指針」

れ、援助方針が審議・決定される（図6－2）。

　なお、2022（令和4）年の児童福祉法改正では、「入所措置や一時保護等の際に児童の最善の利益を考慮しつつ、児童の意見・意向を勘案して措置を行うため、児童の意見聴取等の措置を講ずる」ことが示され、子どもの権利擁護を保障するための法整備が進んでいる。

2．措置制度

　児童相談所の一時保護を経て在宅での養育が困難と判断されると、都道府県は児童相談所長の報告に基づき、児童を里親、ファミリーホーム、又は乳児院、児童養護施設、障害児入所施設、児童心理治療施設、児童自立支援施設への措置を行う（児童福祉法第27条第1項第3号）。

　ただし、虐待等により、在宅での養育が困難と判断がされても、親権者または後見人が施設等への措置を拒むケースもある。都道府県は親権者等の同

意を得られなくても、家庭裁判所の承認を得れば措置をとることができる（同法第28条）。

3．施設養護の支援過程

(1)　アドミッションケア

　児童養護施設等への措置に至る前後のケアをアドミッションケアという。急な一時保護は、友人等との別れの他にも、自分が大切にしていた所有物を保持できないこともあり、喪失感を抱く可能性がある。そして、「これからどうなるのだろう」といった今後の生活について不安を抱えることがある。そのため、措置されることに関しては、十分な説明が必要となる。

　保育士等の施設職員は入所前には、児童相談所や施設内の専門職との連携を図り援助方針を共有する。また、児童が通う学校等とも可能な範囲で情報共有を行うことが必要である。その他、「子どもの権利ノート」等を活用し、子どものもつ権利について年齢や発達段階に合わせて説明することが求められる。

(2)　インケア

　施設等での生活が開始されると、安心な環境に身を置けたからこそ表出する、手に負えないほど泣き叫ぶ、わがままを繰り返すなどの試し行動や、虐待場面を思い出し、心理的に不安定になることがある。そのため、治療的な支援も必要となる。児童養護施設等には、「心理療法担当職員」が配置され[4]、カウンセリング等を用いて支援にあたることや、必要に応じて心療内科等への通院を行い医師の診断を受けながら支援にあたるケースもある。

　また、日常の養育にあたっては、特定の養育者による一貫性のある養育が望まれるが、施設養護においては、職員がローテーションを組んで支援にあたることや、職員の異動・退職等が起こる。そのため、チームとして支援に取り組み、引き継ぎのための日々の記録や元の養育者等がかかわりをもつなどし、重層的な連携を強化することで、支援の一貫性や継続性を確保していくことが求められる。

(3)　リービングケア

　家庭復帰や措置変更を含めて、退所に向けた支援をリービングケアという。家庭復帰が見込まれない場合は、原則18歳（高校卒業時）で措置が終了する。そのため、ひとり暮らしに向けた炊事や金銭管理等の生活スキルの獲得を行

※4
対象児童の在籍数等に応じて必置となる。厚生労働省通知「家庭支援専門相談員、里親支援専門相談員、心理療法担当職員、個別対応職員、職業指導員及び医療的ケアを担当する職員の配置について」では、例えば、児童養護施設では、心理療法を行う必要があると認められる児童10人以上に心理療法を行う場合、乳児院では、心理療法を行う必要があると認められる乳幼児またはその保護者10人以上に心理療法を行う場合、母子生活支援施設では、心理療法を行う必要があると認められる母子10人以上に心理療法を行う場合などと定められている。

う必要がある。また、就職や進学に向けた適正診断や職場体験、就職先とのマッチング等を行うNPO法人等もあり、退所に向けて関係機関との調整を退所前に構築していくことも、離職や退学の予防につながる。2020（令和2）年度より、児童養護施設等においては「自立支援担当職員」が配置できることとなり、自立に向けた支援体制の強化が図られている。

　また、乳児院で生活する児童が、里親宅や児童養護施設等に措置変更するケースは、可能な限り養育の切れ目が生じないように、児童相談所やフォスタリング機関等が仲介し、新たな養育者との連携を図る必要がある。

⑷　アフターケア

　児童福祉法の「児童」の定義により、原則18歳で措置が解除されるが、必ずしも子どもの状況に応じた解除ではないため「強いられた自立」ともいわれる。児童福祉法では、児童養護施設（同第41条）等には、退所児童に対する相談や援助を行うことが示されていることからも、退所後も継続した支援であるアフターケアが求められる。アフターケアに関する施策は充実してきており、2017（平成29）年に、自立支援事業や身元保証人確保対策事業が整備され、22歳まで在籍していた施設等を利用して生活することが可能となった。また、学費や生活費等の金銭的支援を目的とした自立支援資金貸付事業が創設された。しかし、制度的な充実のみではなく、孤立を防ぐためにも人的なつながりも必要である。そのため、「退所児童等アフターケア事業」等を活用し、措置解除前から関係機関との連携を図ることも重要である。

　また、アフターケアを担う事業として、自立援助ホーム（児童自立生活援助事業）がある。児童相談所長の判断で入居でき、グループホームのような環境下で、自立へのサポートを受けながら生活する場である。これまで、義務教育終了～20歳未満（大学等就学中の者は、22歳の年度末まで）が対象であったが、2022（令和4）年の児童福祉法改正により、児童自立生活援助事業の対象者等の年齢要件等の弾力化がされ、満20歳以上であっても、高等学校の生徒、大学生その他のやむを得ない事情により自立生活援助の実施が必要と都道府県知事が認めた者も対象となった。

4．ファミリーソーシャルワーク

　2016（平成28）年の児童福祉法改正にて、「国及び地方公共団体は、児童が家庭において心身ともに健やかに養育されるよう、児童の保護者を支援しなければならない」（第3条の2）と規定され、子どもの養育は保護者とともに

社会が責任をもち、支援体制の充実を図ることが求められている。

　子どもが里親家庭や施設等から家庭復帰した際には、措置解除後において
も保護者やその家族のもとで安定した生活が送れるよう、継続した支援が必
要となる。また、措置により分離した状態でも家庭復帰等に向けて家族を含
めた支援や家族関係の調整が必要である。このように、子どもの家族も含め
た援助活動を「ファミリーソーシャルワーク」という。施設等で暮らす子ど
ものファミリーソーシャルワークを担う主な専門職として、児童相談所の「児
童福祉司」の他に、乳児院、児童養護施設、児童心理治療施設、児童自立支
援施設には「家庭支援専門相談員」が配置されている。また、里親やファミ
リーホームにおいては、フォスタリング機関（里親養育包括支援機関）※5のソー
シャルワーカーが、ケースに応じて実親と委託児童の関係調整を行う。

4　社会的養護の動向と課題

1．家庭養護の推進と課題

　現在、日本においては里親等の家庭養護への委託推進が図られている。し
かし、先進国を中心とした一部の欧米オセアニア諸国では、里親等への委託
率は約50％〜90％であることに対して、日本の里親等の委託率は上昇傾向で
はあるが、約20％にとどまっている。2016（平成28）年の児童福祉法の改正
では、要保護児童は「家庭における養育環境と同様の養育環境において継続
的に養護されるよう（略）必要な措置を講じなければならない」（第3条の2）
と家庭での養育が困難な場合は、家庭養護への委託を優先することが示され
た。

　児童福祉法改正の内容を具現化するため、翌年に厚生労働省から発出され
た「新しい社会的養育ビジョン」では、愛着形成に最も重要な時期である3
歳未満についてはおおむね5年以内に、それ以外の就学前の子どもについて
はおおむね7年以内に里親委託率75％以上等の家庭養護への委託率向上が掲
げられ、乳幼児は今後施設への措置を原則禁止する旨が示された。また、パー
マネンシー保障のための特別養子縁組については、年間1,000人以上の成立
をめざすことが示された。

　しかし、家庭養護は施設養護と比較すると心理職等の専門職が配置されて
いるわけではなく、閉鎖的な空間でもある。里親が進展している諸外国にお

※5
フォスタリング機関は、
児童福祉法第11条第4
項の規定に基づき、本
来、都道府県等（児童
相談所）が行う、里親
に関する業務の全部又
は一部を委託された機
関である。里親のリク
ルート及びアセスメン
ト、里親登録前、登録
後及び委託後における
里親に対する研修、子
どもと里親家庭のマッ
チング、里親養育への
支援等を主な業務とし
ている。なお、フォス
タリング機関は、2024
（令和6）年4月より
「里親支援センター」
として児童福祉施設に
位置づけられる。

いては、フォスタードリフト※6の多さが指摘されている。そのため、フォスタリング機関、里親支援専門相談員等のサポートや、里親が一時的な休息をとるレスパイトケアの活用等が必要となる。

2．施設の小規模化・分散化の推進と課題

　児童養護施設等においては、家庭的養護の推進が図られ、地域小規模児童養護施設や小規模グループケアの設置は増加傾向である。少人数による家庭的な環境が用意されることは、児童の個別対応が行いやすい等のメリットがある一方で、デメリットとして養育環境が孤立し閉鎖的になりやすい。そのため、職員の力量が問われることや、人間関係が濃密になることで、職員の心労も大きくなる課題がある。そのため、スーパービジョン体制等の確立が必要である。スーパービジョンとは、経験を積んだ施設内の基幹的職員等（スーパーバイザー）が新人や中堅等の他職員（スーパーバイジー）に対して行う。具体的には、部下が施設の方針などの理解を深めることや、専門職として成長するための教育を行うこと、そして、心理的負担を軽減してバーンアウトを防ぐことである。職員が心的疲労を溜めることは、養育の質の向上にもつながらないため、スーパービジョン等を通した人材育成の体制を確立・推進する必要がある。

〈参考文献〉
黒川真咲「第3章 諸外国における里親制度の実態から考える」浅井春夫・黒田邦夫編『〈施設養護か里親制度か〉の対立軸を超えて』明石書店　2018年
厚生労働省「地域小規模児童養護施設設置運営要綱」2000年
厚生労働省「里親制度運営要綱」2002年
厚生労働省「児童養護施設等における小規模グループケア実施要綱」2005年
厚生労働省「小規模住居型児童養育事業（ファミリーホーム）実施要綱」2009年
厚生労働省「児童養護施設運営指針」2012年
厚生労働省「里親及びファミリーホーム養育指針」2012年
厚生労働省「新しい社会的養育ビジョン」2017年
厚生労働省「フォスタリング機関（里親養育包括支援機関）及びその業務に関するガイドライン」2018年
厚生労働省「社会的養育の推進に向けて（令和4年3月31日）」
https://www.mhlw.go.jp/content/000833294.pdf
社会福祉法人奈良県社会福祉協議会編『ワーカーを育てるスーパービジョン―よい援助関係をめざすワーカートレーニング』中央法規出版　2000年

第**7**章

▶ ▶ ▶　　　保育サービス　　　◀ ◀ ◀

キーポイント

　　子育て支援の中心的な役割を古くから担ってきた保育所の機能が、より幅広くなりつつある。従来であれば共働き世帯やひとり親世帯などへの子育て支援が中心であったが、最近は専業主婦家庭の子育て支援を含めた役割がクローズアップされてきている。また、就労家庭支援のサービスメニューについても多様になりつつある。

　　その保育所の利用については、従来は市町村の行政処分、つまり「措置」という形で決定していた。それが1997（平成9）年4月の児童福祉法改正により、保護者が保育所を選択できるような仕組みになった。ところが実際は、特に乳児の年度途中からの保育所利用は困難を極めるケースが多く、とても保育所を選択できる状況とはいえない。そしてやむなく比較的利用の融通がききやすい認可外保育施設に子どもを託すことも多い。しかしその認可外保育施設のなかには、保育環境が十分でないところも少なからずある。子どもを預ける親としても厳しい状況について薄々は感じていても、やむを得ず目をつぶっていることもある。

　　出生率低下の懸念が叫ばれる昨今にあって、保育所を中心とした保育サービスの役割や実情は一層注目を集めている。その具体的なことについて本章でみていきたい。

1　保育の意味と子育て環境の変化

1．保育の意味と保育所の役割

(1)　保育の意味

　「保育」という言葉を広辞苑で調べてみると、「（乳幼児を）保護し育てること」とある。また類似語として「哺育」という言葉があるが、これの意味は同じく広辞苑で「はぐくみ育てること。動物の子が独立生活を営み得るまで、親が保護・養育すること」とある。それでは近年の日本では、子育てや

保育という営みがどのようになされてきたのであろうか。

　戦前戦後のころ、子どもは、両親と祖父母がいて、さらに自分以外のたくさんのきょうだいがいる家族のなかで育つのが一般的であった。そして、地域のなかでも隣の大人とあいさつを交わし、悪いことをしているところを見つかっては叱られた。そうやって家族以外の大人からも育てられてきた。つまり子育て（保育）は家族・親戚・近隣のつきあいのなかで相互になされてきたのである。

　ところが、1960年代ごろからの高度経済成長期、日本国内で壮大な人口の大移動が起こることとなった。高度経済成長に伴う多くの労働力は、全国各地の地方にいる若手労働者によってまかなわれた。地方の若者の多くは中学校・高等学校を出ると「金の卵」と呼ばれ、大都市圏の工場などに集団就職したのである。このようにして地方の大家族は事実上崩壊し、都市圏では核家族世帯や単身世帯が急増したのである。

　さらに都市部の核家族においては、「父親不在」の現象が起こった。父親の多くは、「会社人間」として会社に肉体的にも精神的にもすべてのエネルギーを注いだ。その結果として、家族における父親の役割が喪失し、ちゃぶ台の周りに家族がぐるりと座り、1日の出来事を話し合うなどしながら夕食をとるといった、漫画の「サザエさん」に出てくるような一家団欒の風景は失われた。また、突如として知らない者同士が集まった新興住宅地などでは、人間関係が希薄にならざるを得ない。そのため、他人の子どもを大人が注意することも少なくなっていった。それどころか他人の子どもに注意をすると、子どもやその親から逆ににらみ返されたり、暴言を吐かれたりすることもある。このように家族の形態が小さくなり、地域社会のつながりも弱くなってくると、家族や近隣のお互いの助け合いによる子育て（保育）の力も、弱くもろいものにならざるを得ないのである。

(2)　保育所の役割の変化

　子育てを取り巻く家族や地域の変化に伴って、子育て（保育）の中心的な機能を担ってきた保育所の役割や期待も大きく変化をとげてきている。

　戦後から、特に高度経済成長期においては、家事の電化・合理化が進んだことや子どもの教育費の増大、経済成長期に伴う人手不足などにより、多くの女性が外で働くようになった。それにあわせ、保育所がたくさんつくられた。その時期の保育所は、親が働く時間、親のかわりに子どもの保育を担う「就労支援機能」中心であったといえる。これをきっかけに、保育所を利用することは、共働きの家庭に広がりをみせることとなった。それがおよそ高

度経済成長期以降、子育て環境の孤立化に伴う育児ノイローゼや子どもへの虐待、母子密着型育児などというさまざまな子育てにまつわる問題の表出により、保育所は「地域・家庭・子育て支援機能」をつけ加えることが求められてきたのである。

　このことにより、今まで家族や地域の子育て機能に任せきり状態だったことの限界を認識し、公の機関による子育て機能を強めていく方向性が明らかになった。それは公の機関そのものの子育て機能を強化するだけでなく、公の機関が家族や地域の人間関係をとりもつことなどにより、子育て機能を回復し、強める役割についても求められるようになったことを意味する。

　また、子どもの福祉に関する問題のなかでも昨今「子ども虐待」がクローズアップされている。これに関して、予防的視点のみならず、虐待発見後の対応についても保育所等は重要な働きを担うとされており[1]、虐待に対してリスクの高い子どもと親への支援についても、従来以上の役割が求められている。

※1　児童虐待等の防止に関する法律第13条の2において規定されている。

2　保育にかかわる制度と施策

　ここでは、2015（平成27）年度から始まった子ども・子育て支援新制度における保育所の入所設備、保育にかかる施策等について述べる。

1．保育所の入所・設備

(1)　保育所への入所
　児童福祉法第24条において、保育所での保育の実施が規定されている。また第39条には、保育所についての規定があり、「保育所は、保育を必要とする乳児・幼児を日々保護者の下から通わせて保育を行うことを目的とする施設（中略）とする。②保育所は、前項の規定にかかわらず、特に必要があるときは、保育を必要とするその他の児童を日々保護者の下から通わせて保育することができる」というものである。

　つまり、保育所は保育を必要とする0〜6歳（小学校就学前）までの子どもを保育することを目的とした児童福祉施設である。

　子ども・子育て支援新制度では、保育所などで保育を希望する場合の保育認定にあたり、「保育を必要とする事由」「保育の必要量」「『優先利用者』へ

の該当の有無」の3点が考慮される。

　1つ目の「保育を必要とする事由」は、①就労（フルタイムのほか、パートタイム、夜間、居宅内の労働などといったすべての就労を含む）、②妊娠、出産、③保護者の疾病、障害、④同居または長期入院等している親族の介護・看護、⑤災害復旧、⑥求職活動（起業準備を含む）、⑦就学（職業訓練校等における職業訓練を含む）、⑧虐待やDVのおそれがあること、⑨育児休業取得中に、すでに保育を利用している子どもがいて継続利用が必要であること、⑩その他、上記に類する状態として市町村が認める場合、のいずれかに当てはまることが必要となる。

　2つ目の「保育の必要量」では、①「保育標準時間」利用（フルタイム就労を想定した利用時間で、最長11時間）、②「保育短時間」利用（パートタイム就労を想定した利用時間で、最長8時間。保護者の就労時間の下限は、1か月あたり48～64時間の範囲で、市町村が定める）、のいずれかに区分される。

　3つ目の「『優先利用者』への該当の有無」であるが、ひとり親家庭、生活保護世帯、生計中心者の失業、子どもに障害がある場合などにおいて、保育の優先的な利用が必要であると判断される場合がある。

　保育所を利用するにあたっては、保育を必要とする保護者が市役所、町村役場に申し込みに行くことから始まる。従来までは保育所が利用できるかどうかを決定するのは市町村の行政処分、つまり「措置」という形をとっていた。そして、1997（平成9）年の児童福祉法改正によって、保育所は情報提供に基づき保護者が選択利用できることとなった。しかしかつては特に低年齢児の途中入所は困難を極めることが多かった。この状況を受けて政府や自治体は待機児童対策を積極的に実施した経緯がある。政府は2013（同25）年4月に「待機児童解消加速化プラン」を策定しており（p.109参照）、待機児童問題については積極的な取り組みを図っている。

　近年のデータとして2022（令和4）年4月の厚生労働省「保育所等関連状況取りまとめ」によると、待機児童数は2,944人、そのうち1・2歳児のみでは77.2%（0歳児を含めると87.5%）となっている。数値的にはかなりの改善が見られるが、特に低年齢児においては希望が叶えられず困難な状況にある人がいることが推察される。

(2)　保育所の設備等

　保育所の設備や職員、保育時間、保育の内容に関しては児童福祉施設の設備及び運営に関する基準第32条以降に明記されている。

　まず保育所設備の基準であるが、特に乳児や満2歳に満たない幼児を入所

させる保育所については、乳児室またはほふく室、医務室、調理室およびトイレを設けることが明記されている。また、満2歳以上の幼児を入所させる保育所には、保育室または遊戯室、屋外遊戯場（保育所の付近にある野外遊戯場でも可）、調理室およびトイレを設けることになっている（第32条）。

　職員については、保育士と嘱託医および調理員を置かなければならない。ただし、調理業務のすべてを委託する施設であれば調理員を置かないことができるようになっている。保育士の数は、乳児おおむね3人につき1人以上、満1歳以上満3歳に満たない幼児おおむね6人につき1人以上、満3歳以上満4歳に満たない幼児おおむね20人につき1人以上、満4歳以上の幼児おおむね30人につき1人以上とすることになっている（第33条）。

　保育時間については、1日につき8時間を原則としている。そしてそれぞれの地域における乳幼児の保護者の労働時間その他家庭の状況等を考慮して、保育所長がその時間を定めることになっている（第34条）。

　また保育の内容（第35条）や保護者との連絡（第36条）についても明記されている。特に保護者との連絡については「保育所の長は、常に入所している乳幼児の保護者と密接な連絡をとり、保育の内容等につき、その保護者の理解及び協力を得るよう努めなければならない」としている。

2．保育にかかわる施策

(1) 保育・子育て支援サービス

　保育所等の児童福祉施設では多種多様な特別保育事業等の子育て家庭への支援事業が実施されている。また、地域においても住民参加による子育て支援が展開されている。子ども・子育て支援新制度においては、前項で述べた保育所に加え、認定こども園、幼稚園を通じた共通の給付（施設型給付）と小規模保育等への給付（地域型保育給付）が創設されている。

　ここでは、地域型保育給付の対象となる「地域型保育事業」をみた後、地域の実情に応じて実施される「地域子ども・子育て支援事業」についてみていきたい。これまで延長保育事業や休日保育事業などとして実施されてきた「保育対策等促進事業」は、「地域子ども・子育て支援事業」として名称を新たに実施されている。

地域型保育事業

　小規模な保育施設の拡充を図るもので市町村による認可事業として待機児童の多い0〜2歳児を対象とする事業である。それは以下の4つのタイプがある。

① 家庭的保育（保育ママ）…家庭的な雰囲気のもとで定員 5 名以下という少人数を対象に保育を行う

② 小 規 模 保 育…定員 6 〜19人という少人数を対象に、家庭的保育に近い環境での保育を行う

③ 事 業 所 内 保 育…会社の事業所の保育施設などで、従業員の子どもと地域の子どもを一緒に保育を行う

④ 居 宅 訪 問 型 保 育…障害や疾患などで個別のケアが必要な場合や施設がなくなった地域で保育を維持する必要がある場合などに、保護者の自宅で保育を行う

利用者支援事業

子どもまたはその保護者の身近な場所で、教育・保育施設の子育て支援事業等の情報提供および相談に応じ、相談・助言等を行うとともに、関係機関との連絡調整等を実施する事業である。

病児保育事業

保護者が就労している場合に、子どもが病気、または病気の回復期で自宅での保育が困難な場合に対応するため、病院・保育所等において病気の子どもを一時的に保育する他、保育中に体調不良となった子どもへの緊急対応等を行う事業である。

延長保育事業

保護者の就労形態の多様化等に伴う延長保育の需要に対応するため、11時間の開所時間の始期および終期前後の時間において、延長保育を実施する事業である。

地域子育て支援拠点事業

地域全体で子育てを支援する基盤の形成を図るため、①育児不安等についての相談指導、②子育てサークルおよび子育てボランティアの育成・支援、③地域の需要に応じた保育サービスの積極的実施・普及促進、④地域の保育資源の情報提供等、⑤家庭的保育を行う者への支援を実施する事業である。

一時預かり事業

保護者の傷病、入院、災害、事故、育児等に伴う心理的・肉体的負担の解消等により緊急・一時的に保育が必要となる児童を保育所や地域の子育て支援拠点、駅周辺等利便性の高い場所などにおいて一時的に預かる事業である。

子育て短期支援事業

子育て中の保護者が冠婚葬祭や疾病等の社会的理由、また、恒常的な残業など仕事による理由で泊まりがけ、もしくは夜間に子どもの面倒がみられな

くなった場合に、児童養護施設や乳児院、母子生活支援施設等において、子どもを預かるサービスである。この事業では、短期間（1週間程度）預かるサービスを「短期入所生活援助（ショートステイ）事業」といい、仕事等の理由により夜間・休日に子どもを預かるサービスを「夜間養護等（トワイライトステイ）事業」といい、その内容を分けている。

　近年では、夫の暴力等、DV（ドメスティック・バイオレンス）が社会的問題となっているが、これにより緊急一時的に保護が必要な場合も、この事業で対応できることになっている。

ファミリー・サポート・センター事業

　乳幼児や小学生をもつ親と、地域において育児支援等ができる人双方が会員となり、保育所の送迎や放課後の預かりなどを会員相互で助け合う住民参加型の子育て支援サービスである（サービスは有料）。ファミリー・サポート・センターの設置運営は市区町村が行うが、利用要件やサービス内容にあまり制限がないことから、ニーズに即した柔軟なサービスが提供できることが特徴である。

養育支援訪問事業

　養育支援が特に必要な家庭に対して、その居宅を訪問し、養育に関する指導・助言等を行うことにより、当該家庭の適切な養育の実施を確保する事業である。

実費徴収に係る補足給付を行う事業

　保護者の世帯所得の状況等を勘案して、特定教育・保育施設等に対して保護者が支払うべき日用品、文房具、その他の教育・保育に必要な物品の購入に要する費用または行事への参加に要する費用等を助成する事業である。

多様な主体が本制度に参入することを促進するための事業

　特定教育・保育施設等への民間事業者の参入の促進に関する調査研究や、その他多様な事業者の能力を活用した特定教育・保育施設等の設置または運営を促進するための事業である。

　その他、「妊婦健康診査」「乳児家庭全戸訪問事業」「放課後児童クラブ」についても地域子ども・子育て支援事業として実施されるが、これらは第10章を参照されたい。

(2)　2022（令和4）年児童福祉法改正の際に位置づけられた子育て支援事業

　近年、市区町村における子育て家庭への支援の充実が求められている。その背景には、保護者への養育支援が特に必要であり、また、保護者による養育等が不適当な子どもを含む、要支援・要保護児童の増加がある。加えて出

産前において出産後の養育支援が必要な妊婦である、特定妊婦への支援の充実が求められている。このことにより、厚生労働省の説明として「地域子ども・子育て支援事業において、訪問型支援、通所型支援、短期入所支援の種類・量・質の充実を図るとともに、親子関係の構築に向けた支援を行う」ことと「市区町村において計画的整備を行い、特に、支援が必要な者に対しては市区町村が利用勧奨・措置を実施する」ことが明記されている。

子育て世帯訪問支援事業（訪問による生活の支援）

要支援児童、要保護児童及びその保護者、特定妊婦等（支援を要するヤングケアラー含む）を対象としている。事業の内容としては、訪問し、子育てに関する情報の提供、家事・養育に関する援助等を行うとしている。例として調理、掃除等の家事、子どもの送迎、子育ての助言をあげている。

児童育成支援拠点事業（学校や家以外の子どもの居場所支援）

養育環境等の課題（虐待リスクが高い、不登校等）を抱える主に学齢期の児童を対象とした支援事業である。具体的には「児童の居場所となる拠点を開設し、児童に生活の場を与えるとともに児童や保護者への相談等を行う」こととなっている。例として居場所の提供、食事の提供、生活リズム・メンタルの調整、学習支援、関係機関との調整をあげている。

親子関係形成支援事業（親子関係の構築に向けた支援）

要支援児童、要保護児童及びその保護者、特定妊婦等を対象とし、親子間の適切な関係性の構築を目的とし、子どもの発達の状況等に応じた支援を行う事業となっている。具体的な例として、講義・グループワーク・ロールプレイ等の手法で子どもとのかかわり方等を学ぶこと（ペアレントトレーニング）をあげている。

(3) 保育施策の充実

国は、これまで保育施策を含む子育て支援サービスの充実を図るための計画として、1994（平成6）年に「エンゼルプラン」「緊急保育対策等5か年事業」、1999（同11）年には「新エンゼルプラン」を策定し、それにしたがって施設整備やサービス提供を行ってきた。

その後、2004（同16）年12月に、新エンゼルプランに代わる計画として、新たに「少子化社会対策大綱に基づく重点施策の具体的実施計画について」（子ども・子育て応援プラン）を策定し、2010（同22）年には「子ども・子育てビジョン」が策定された（詳細は第10章を参照）。

そこからさらに2012（同24）年8月、「子ども・子育て支援法」が制定された。この法律と、関連する法律を基盤として、2015（同27）年度より「子ど

も・子育て支援新制度」が施行された。この制度では、「認定こども園の普及」「待機児童を減らし、子育てしやすい社会の普及」「子育て支援拡充、質向上」「子ども減少地域の子育て支援の充実」等の取り組みを進めることが盛り込まれている。

　なお、政府は2013（同25）年4月に「待機児童解消加速化プラン」を策定した。これは、待機児童解消に意欲的に取り組む地方自治体に対し、その取り組みを全面的に支援することに加え、地方自治体がさらにペースアップする場合にも対応するというものであり、2013（同25）年度〜2016（同28）年度の4年間で新たに約42.8万人分の保育の受け入れ枠を確保した。その後も、さらなる待機児童解消のための取り組みを強化するため、「子育て安心プラン」を策定し、女性就業率80％に対応できる32万人分の保育の受け皿整備を2020（令和2）年度末までに前倒しして実施してきた。これらの対応が功を奏し、待機児童問題については多くの自治体において解消したとする報道もある。

　さらに2019（令和元）年10月には幼児教育・保育の無償化が実施されている。幼稚園、保育所、認定こども園などを利用する3歳から5歳児クラスの子ども、住民税非課税世帯の0歳から2歳児クラスまでの子どもの利用料が無料になるものである。

　そして2023（同5）年4月にはこども家庭庁が発足し、子ども子育てに関連する取り組みの統合化、効率化等がより一層進められることとなる。

3．保育所と幼稚園

(1)　保育所と幼稚園の位置づけと関係

　保育所と幼稚園は、通う子どもの年齢など、共通している部分が多い施設である。しかし、保育所は内閣府管轄であり、幼稚園は文部科学省管轄となっており、一般的にも保育所は保育に欠ける子どもを預かる所、幼稚園は子どもの教育の場という認識が広くあるように思われる。

　この幼稚園と保育所は戦後、それぞれ固有の目的や機能をもって制度化され整理されてきた。しかし一方で、この2つの施設がそれぞれ利用する子どもや親にとって有効な形で一元化されることを望む声があがっている。そこで戦前、戦後を通して両者を一元化させようとする試みは幾度となくなされてきているが、目的や機能が異なる以上、簡単に一元化が実現できるような状況ではなかった。

　両者に存在する問題として、保育所における教育レベルの向上や幼稚園の

保育時間延長の問題、市町村や保護者の経費負担の問題、幼稚園教諭と保育所保育士の資格と労働条件に関する問題などがある。

(2) 保育所と幼稚園の連携と共同

　このような紆余曲折のなか、1998（平成10）年３月「幼稚園と保育所の施設の共用化等に関する指針」が文部省と厚生省の連名局長通知として出された。その目的は「多様なニーズに的確に対応できるよう、幼稚園と保育所の施設・運営の共用化・職員の兼務などについて地域の実情に応じて弾力的な運用を図り、幼児教育環境の質的な向上を推進し、共用化された施設について保育の内容等運営が工夫され、有効利用が図られることを目的とする」となっている。また「子どもと家庭を支援するための文部省・厚生省共同行動計画」が同年６月に出された。ここでも幼稚園と保育所の連携の促進が謳われ、「教育内容・保育内容の整合性の確保」「幼稚園教諭と保育士の研修の合同開催」「幼稚園と保育所の子育て支援に係る事業の連携実施」などが明文化されている。

(3) 「就学前の教育・保育を一体として捉えた一貫した総合施設について」検討会議

　中央教育審議会幼児教育部会と社会保障審議会児童部会の合同の検討会議において「就学前の教育・保育を一体として捉えた一貫した総合施設」のあり方が、2004（平成16）年５月より審議され、その審議まとめが同年12月に発表された。これによると基本的機能は「親の就労の有無・形態等で区別することなく、就学前の子どもに適切な幼児教育・保育の機会を提供し、その時期にふさわしい成長を促す機能を備えることが基本」としており「この基本的機能に加え、地域の実情等に応じて、在宅を含め地域の子育て家庭に対し、子育てに関する必要な相談・助言・支援を行うとともに、これらの地域の親子がだれでも交流できる場を提供することが重要である」としている。

　幼稚園および保育所との関係についても「地域の幼児教育・保育のニーズに対して、既存の幼稚園・保育所の機能の拡充、組合せ・連携の強化等により対応するのか（中略）更に新たな枠組みである総合施設を組み合わせて対応していくかは、地域の実情に応じて判断されるべきもの」であるとしている。また「総合施設の制度化は、既存の幼稚園や保育所及び各種の子育て支援事業の意義・役割を大切にしながら、これら既存の施設・事業と新たな枠組みである総合施設がそれぞれ相まって、乳幼児期の子どもの健やかな成長を支える役割を担うもの」であるとされた。

(4)　認定こども園について

　今までみてきたように、幼稚園と保育所との連携や統合の問題については長年の懸案事項となっていた。それが2006（平成18）年10月１日に施行された「就学前の子どもに関する教育、保育等の総合的な提供の推進に関する法律」によってスタートする「認定こども園」という形で、具体的なものとなって実現する。

　「認定こども園」の大きなねらいには、都市部を中心に存在する保育所待機児童を定員割れが進む幼稚園で受け入れ可能とすること、保育所にも専業主婦家庭の子どもが通所できるようにし、保護者の就労の有無による利用制限をなくすこと、０～２歳児を育てる母親への子育て支援を促進すること等がある[※2]。

※2　「週刊福祉新聞」2006年６月19日号記事

　認定こども園のタイプは以下の４つがある。それは、①認可幼稚園と認可保育所とが連携して、一体的な運営を行うことにより、認定こども園としての機能を果たす「幼保連携型」、②認可幼稚園が、保育に欠ける子どものための保育時間を確保するなど、保育所的な機能を備えて対応する「幼稚園型」、③認可保育所が保育に欠ける子ども以外の子どもも受け入れるなど、幼稚園的な機能を備えて対応する「保育所型」、④幼稚園・保育所いずれの認可もない地域の保育施設等が、認定こども園として必要な機能を果たすタイプの「地方裁量型」である。

　認定こども園の利用については、利用者と施設との直接契約によるものとなる。

　先述の通り、「子ども・子育て支援新制度」では「認定こども園の普及」を促進している。具体的には、保育所や幼稚園等が認定こども園を設置するに際しては、認可の手続きを簡素化し、移行がスムーズに行えるよう対応が図られた。また①の幼保連携型認定こども園については、学校および児童福祉施設としての法的位置づけをもつ単一の施設となっている。

　認定こども園の利用のポイントとしては、保護者が就労しているか否かにかかわらず、また、保護者が就労をやめた場合（また始めた場合とも）、通いなれた園を継続して利用することができる。加えて子育て支援の場もあり、園に通っていない子どもも利用でき、保護者も子育て相談や保護者同士の交流に参加することができる。

3　これからの保育の展望

1．地域に開かれた保育所

(1)　子育て家庭全般への支援

　子育て支援といえば、今までは共働き世帯やひとり親家庭などへの支援が第1に取り上げられてきた。それは、今までの社会的サービスの流れをみても明らかであろう。しかし、昨今の子育てに関する調査や、「育児ノイローゼ」「子ども虐待」などといった子育てにまつわる親の苦悩する姿が取りざたされている状況などから、家庭で専業的に家事をし、育児をしている親に子育ての閉塞感や育児ストレスが強く出ているということが明らかになってきている。今や、どのような家庭でも、共通して子育ての社会的支援が必要不可欠となってきているといえよう。

　地域で、なかでも主に家庭で子育てをしている家族へのサービスは、子ども・子育て応援プラン等の子育て支援事業の進展により、年々内実ともに充実してきている。閉塞的な現在の子育て環境をみても、育児からひととき離れ、精神的な解放感を味わうような時間、あるいは多くの人とコミュニケーションをとりながら子育てを楽しむような時間がさらに必要であろう。

　また子育て支援の必要性が強く認識され、地域の保育所においては、日々の多忙な業務に加え、子育て支援事業や相談事業等、多くの役割を担うことが求められてきた。それが昨今にあっては少しずつではあるが、ファミリー・サポート・センターや地域子育て支援センター、つどいの広場等の子育て支援に関連する施設や機関、事業が増えてきている。こういった子育て支援に関する施設等との連携についても、これからさらに重要になってくるだろう。

　さらに、2022（令和4）年改正児童福祉法において位置づけられた「地域子育て相談機関」は、地域に密着した、相談の敷居が低く「子育て世帯と継続的につながるための工夫を行う相談機関」となっている。こども家庭庁の意図としては次のようになっている。つまり児童相談所や家庭児童相談室、こども家庭センターなどに直接相談することについては敷居の高さを感じる子育て世帯の保護者などが、より身近に相談しやすくするための位置づけをめざすものとしている。その場所としては、保育所、認定こども園、幼稚園、地域子育て支援拠点事業といった、子育て支援を行う施設や事業を行う場を想定している。

　このことにより、子育て世帯の孤立化を防ぎ、地域において安心して子育

てができる環境を整えていくことをめざすものである。

(2)　地域交流の起爆剤としての保育サービス

　最近において保育所をはじめとする保育事業関連は地域に開かれた社会資源として、専門的なノウハウを地域住民のために活用していくことが求められている。具体的には障害児の受け入れや地域もしくは高齢者福祉施設などで生活している高齢者と子どもたちとの交流事業、地域の郷土文化を伝承する活動、小学校低学年の子どもを受け入れる放課後児童クラブなどがある。

　地域住民同士の関係が希薄になっている今日において、保育所をはじめとするさまざまな社会福祉施設が、住民同士の人間関係を再びつなげることのできる起爆剤になれればと考える。

　保育現場におけるマンパワーの不足が叫ばれる昨今ではあるが、地域の広い意味での子育て支援の拠点であることは間違いないことであろう。例えば保育士のみならず多くの専門職を配置することにより、より充実した保育機関としての進化を引き続き検討していくことが必要であろう。

2．子育て支援機能の強化にあたって
－子育てを支える専門職としての課題－

　保育士をはじめとする子ども家庭福祉の専門職は、これからますます多様な子育て支援機能を運営することが求められている。それに伴い、子どもの保育や教育、福祉に携わる専門職者に必要なこととして、さまざまな子育てに対する社会通念や母性神話などに対して再度検討し考察する必要性を指摘したい。

　例えば「生める女性は自力で育てることもできるはずである」「母親であれば、何を差し置いてでも、育児を優先することが当然である」「専業主婦は、時間もあるのだから育児が自力でできて当然である」などという社会通念は普遍的なものなのか、育児労働の実際とはどのようなものかといったことを考えていくことの必要性をあげておきたい。

　子どもの保育や教育、福祉に携わる専門職になるために学ぶ内容は、福祉的・心理的・生理的側面など、子どもについて深く学ぶ機会が圧倒的に多くなっている。これらのことが、例えば親と子どもとの利害が対立するようなケースに直面した際に、子どもを家族から切り離した形で考える傾向が強まり、親の抱える苦悩について理解しがたくなりやすい。例えば「○○ちゃんのために、仕事は早く切り上げてお迎えに来てください」「○○ちゃんが精

神的に不安定になっているのは、お母さんが仕事ばかりしているからではないですか」などといった「○○ちゃんのために」という言葉に象徴されてはいないだろうか。

　こうしたことを配慮して考えた場合、子育てを親の立場から取り上げた見方や子育ての実体験を見聞きし、体験することが必要であると考える。また時には、企業倒産やリストラの問題といった時事問題を取り上げ、主に父親がおかれている状況を想像し、それらが家族全体や子どもの環境に与える影響などについて考えてみることも必要であろう。このように日ごろから保育や子育ての問題について、さまざまな角度から考えることが必要である。

　また、保育サービスの多様化に伴って、援助ネットワークを充実させることが必要であるといえる。例えば心理的に傷を抱えていたり、さまざまなストレスを抱えた親への援助過程においては、親の強い依存心を満たすようなかかわりが求められることも多い。その際、援助者が1人でかかわってしまうと、親の依存心の強さに疲れてしまったり、時には反発や逃避などといったマイナスの感情を抱いてしまったりしやすい。その結果、援助過程の妨げになってしまう。このような事態を避ける意味でも、援助者がチームを組んであたることが必要になってくる。また、保育所など、地域の人たちが利用しやすい施設が、より専門的な関係機関と連携をとることにより、例えば子どもの虐待ケースなどを早期に発見し、親子とも、苦しい状況から救い出すような対応がすばやくできるであろう。

〈参考文献〉

保育福祉小六法編集委員会編『保育福祉小六法　2013年版』みらい

猪熊弘子『保育がビジネスになったとき―ちびっこ園乳児死亡事件から見えてくるもの』ちいさいなかま社　2004年

内閣府・文部科学省・厚生労働省『子ども・子育て支援新制度なるほどBOOK』内閣府子ども・子育て支援新制度施行準備室　2014年

厚生労働省『待機児童対策加速化プラン』

http://www.mhlw.go.jp/bunya/kodomo/pdf/taikijidokaisho_01.pdf

厚生労働省「児童福祉法改正法案による子育て支援について」

https://www.digital.go.jp/assets/contents/node/basic_page/field_ref_resources/6b5f4e23-911b-4b36-a7e4-ceb114734ca0/3f28d3f8/20220407_meeting_children_outline_06.pdf

コラム　課題を抱える乳幼児の保育環境

東京都豊島区の認可外保育施設「ちびっこ園池袋西」で2001（平成13）年3月に乳児が死亡した事故があり、同じベッドで2人の乳児を寝かせて生後4か月の乳児を窒息死させたとして警視庁は23日、同園を経営する「ちびっこ園」（本社・富山市）社長と取締役を業務上過失致死の疑いで逮捕した。

警視庁と池袋署の調べでは、同園は3月15日夕方、埼玉県の会社員の次男（当時4か月）と、生後8か月の乳児を同じベビーベッドで寝かせた上、4か月の男の子の上に8か月の乳児がおおいかぶさるのをそのままにし、下になった乳児を窒息死させたとしている。

社長らは同園を経営する会社の責任者として、ベッドには複数の乳児を寝させないように保育士に指示するなどといった業務上の注意義務を怠り、乳児が窒息死する事故が起こる可能性があることを知りながら、保育の環境を改善せず、乳児を死亡させた疑いがある。

この事故があったおよそ20年前の1980年代に、ベビーホテルの死亡事故が続発し、社会問題になった。乳幼児の認可外保育施設のうち、夜間、宿泊を伴う、または、一時預かりを行う施設は、1985（昭和60）年の厚生省（当時）の調査では全国で463か所とされていたが、現在ではさらに増加しているであろう。これらの施設のなかには厚生労働省の指導基準に適合しておらず、危険で、劣悪な環境であるものも含まれている。

2014（同26）年3月、埼玉県富士見市のマンションで、2歳の男の子の遺体が発見され、ベビーシッターが逮捕されている。男の子の母親は、インターネットの仲介サイトでベビーシッターと知り合い、2人の男の子の保育を依頼した。このようなシッター仲介サイトは多数存在しており、その利便性から多くの保護者が利用している。2014（同26）年7月9日付け朝日新聞朝刊の記事によると、シッター仲介サイトの多くは預かる時間、料金等を個別交渉できるという。そのため一般のシッターサービスよりも低料金で利用でき、また急な依頼にも柔軟に対応できる。しかし厚生労働省が2014（同26）年6月に各自治体に調査をしたところ、施設以外で子どもを預かるベビーシッター等の保育サービスを把握していないと回答

した自治体は86％にも上ったという。加えて、仲介サイトを運営する業者にも調査をしたところ、最も多いサイトでは約16,000人の利用登録があったということである。しかし保育者情報の登録については自己申告だけですませるケースも多く見られたという（福祉新聞2014年7月14日号）。

　このようなシッター仲介サイトがクローズアップされる以前から、認可外保育施設については長年課題を抱えている。

　認可保育所の待機児童が全国に多くいるなか、待機する時間もなく認可外の保育所を選択し、子どもを託す保護者も決して少なくない。また、認可保育所の条件では職場の労働条件に合わない保護者も多いであろう。現に「シッター仲介サイト」や「認可外保育施設」を利用している保護者の実際の声としては、利用をやめるつもりはないというものが多い。ある保護者はお迎えが夜の7時を過ぎる。月に数回は夜勤もある。条件の合うところは他にないとのことである。また休日出勤に対応する保育所が少ないために「シッター仲介サイト」や「認可外保育施設」を利用している人もいる。

　さまざまな日常保育の不十分さはすべて勤務する保育士の不足によるものであろうことは、保護者も気づいている。しかし、少ない人数で一生懸命保育している保育士に対しては批判がしにくいようである。認可施設に預けなかった理由としては「勤務時間と保育時間が合わない」「認可保育所に申請したが、入所できなかった」「家から遠い」「育児休業明けに預けられなかった」といったものがある。

　認可外保育施設のなかにも、子どもと保護者ともどもの精神的・実質的支援をし、保護者から「保育士さんにはいろいろと助けてもらいました」という言葉を聞くところもたくさんある。だからこそ、子どもを商品、モノとしてとらえ、箱のなかにモノを詰めるような保育や、モノを預かるような保育をしている環境、状況を決して許してはならないのである。

第**8**章

▶ ▶ ▶ 　　　　障害児の福祉　　　　◀ ◀ ◀

キーポイント

　先天的に障害のある子どもは、世界中、どの時代においてもある割合で誕生している。また、事故や病気の後遺症により障害のある状態に至る子どもも存在する。「障害児」と呼ばれる子どもたちは、決して特別な存在ではなく、近隣で出会う子どもたちの1人にすぎない。しかし、歴史的にみれば、障害児は当たり前の存在ではなく「特異な・奇異な存在」として扱われ、家の恥として家庭内に閉じ込められて育ったり、命を絶たれていた時代もあった。

　今日、障害のある人が社会のなかにいること自体が当たり前（ノーマル）であるというノーマライゼーション思想のもとに、障害児も健常児と同様に家族とともに地域で生活し、近隣の子どもが通う保育所・小学校へ通うことも自然なこととなりつつある。一方で、子育ての社会化が求められる今日でも、障害児の養育は、家族、特に母親に頼るところが大きい。家族機能が縮小するなかでの障害児を抱える家族の生活は、支援を必要とする場合も少なくない。

　私たちは、保育士として、障害児や家族をどのように支援していくことができるのだろうか。本章では、障害児にかかわるさまざまな状況や、生活を支えるための福祉サービスをみていきながら、保育士としての支援について考えてみたい。

1　障害児を取り巻く現状

1．障害とは何だろう

(1)　障害とは

　「障害」という言葉は、通常の生活をしていく上で何らかの「差し障り＝困難な状況」があることを意味する。

　「児童福祉法」でいう障害児とは、「知的な障害のある児童」「身体に障害のある児童」「精神に障害のある児童（発達障害を含む）」「法律※1で指定され

※1　障害者の日常生活及び社会生活を総合的に支援するための法律（以下、障害者総合支援法）により、366の難病が支援対象に指定されている。具体的な難病の範囲については、厚生労働省のホームページを参照のこと。

117

た難病のため生活に障害がある児童」を指す。2004（平成16）年に成立した「発達障害者支援法」では、自閉症※2、注意欠陥多動性障害（ADHD）※3、学習障害（LD）※4等の脳機能の障害のために保育や学校現場での適応に困難を示す子どもを「発達障害児」としている。つまり、障害児とは、知的な発達の遅れや、身体の障害、脳機能の障害、および難病により日常生活に困難を生じ、何らかの特別な配慮を必要とする子どもといえる。

(2)　知的障害児・身体障害児・発達障害児について

　知的障害児の定義について確立したものは存在しない。厚生労働省が2005（平成17）年に行った「知的障害児（者）基礎調査」においては、調査対象を「知的機能の障害が発達期（おおむね18歳まで）にあらわれ、日常生活に支障が生じているため、何らかの特別の援助を必要とする状態にある者」と規定している。一般的には知能指数（IQ）が70以下の場合に知的障害が疑われるが、数値ではっきりとした障害の状況が示されるのではなく、日常生活に支障があるかどうかが障害の有無の判断のポイントとなっている。

　身体障害児は、「身体障害者手帳」の対象児と位置づけることができる。この手帳の対象となる障害は、視覚障害、聴覚・言語障害、肢体不自由、内部障害である。

　知的障害と身体障害は、はっきりと区分されるわけではなく、重複している場合も少なくない。重度の知的障害と重度の身体障害とがある子どもを「重症心身障害児」と呼んでいる。

　発達障害者支援法によると、発達障害は、「自閉症、アスペルガー症候群※5その他の広汎性発達障害※6、学習障害、注意欠陥多動性障害その他これに類する脳機能の障害であってその症状が通常低年齢において発現するもの」と定義されている。これらの子どもは、保育・学校教育・社会生活において、集団とのかかわりの上で困難が生じることが多い。しかし、一見してわかる障害ではないことから、周囲の理解が得られず十分な支援がなされてこなかった状況もあった。この法律の制定以降、発達障害の早期発見・発達支援に国および地方公共団体が責務をもつことが示され、発達障害児・者に対する一貫した支援体制の確立がめざされている。

(3)　障害のとらえ方

　それぞれの障害についての定義を概観した上で、「障害児」という「健常児」とは別個の存在があるわけではないことを確認することは重要である。例えば、知的障害児について考えてみよう。知的障害児の発達は一般的にゆっ

くりしていて、同年代の子ども集団のなかでは発達の遅れが目立ってくる。しかし、もともと一人ひとりの知的な能力には違いがある。その能力が生活年齢に沿った社会生活を送る上で平均よりも著しく不利な状況にあるときに、「障害がある」と定義しているにすぎない。「障害児」とひとくくりにとらえるのではなく、個々の障害のある子どもが、どんな心身の状況のためにどんなことをすることができないか、そして、その活動を妨げている要因は何かについて考えることは、その子どもを理解する際に重要である。また、その子どもに障害があることを否定的にとらえるのではなく、一人ひとりが障害という特性をもちつつも、すべての可能性を秘めた存在であることを忘れてはならない。

　2001年5月に世界保健機関（WHO）が採択した「ICF（International Classification of Functioning, Disability and Health）」は、障害を特別な状態ではなく、妊娠・高齢・ストレスによる身体の変調等を含む活動への影響という視点から、普遍的な生活機能とのかかわりのなかでとらえている。図8−1では、人間の生活機能と障害について「心身機能・身体構造」「活動」「参加」の3つの次元を示し、それぞれに影響をおよぼす因子として「個人因子」だけでなく「環境因子」を定め、それらがダイナミックに相互作用をすることを表している。ICFは、障害を1つの特性ととらえており、「健康状態」は人間の活動に大きく影響するが、障害をもちつつ健康であることはもちろん可能であり、障害の有無にかかわらず人はいつでも発達し続けることができるという基本理念に立つ。図中に、「障害」という言葉がみられないことも、この理念の現れである。このモデルは、一人ひとりの健康状態の維持と改善を図り、安寧の促進のために活用されることが期待されている。

　例えば、環境因子には、さまざまな「バリア＝障壁」が関係する。段差な

※6　広汎性発達障害
　精神疾患の世界共通の診断基準として用いられる定義を記したDSM-Ⅳに基づき、部位等特定できないが、何らかの脳機能障害が想定され、社会生活上の困難を抱える状況の総称と説明される。2014年に改定されたDSM-5では、広汎性発達障害に代わって「自閉症スペクトラム障害（ASD）」という診断名が用いられ、自閉症、アスペルガー症候群はそれぞれ個別の症状ではなく、自閉症スペクトラム障害の中に統合された。
　なお自閉症スペクトラム（ASD）とは、①コミュニケーション・対人関係において困難をもつこと、②行動や興味、活動において独自のこだわりや様式に固執すること、感覚異常がみられること、③症状が発達段階の早期で出現すること、④社会生活上の困難をもつこと、等に該当する症状をもつ症候群をいう。知的発達の程度については、重度の知的障害を伴うものから発達の遅れがないものまでが含まれる。

図8−1　ICFの構成要素間の相互作用

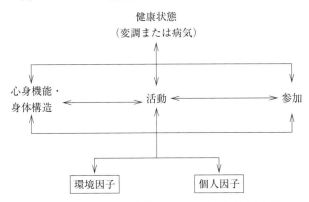

出典　日本語版「国際生活機能分類—国際障害分類改訂版」

どの「物理的なバリア」を取り除くことも必要だが、障害という状況に、差別や偏見の目を向ける「心理的なバリア」を取り除くことも重要である。障害があっても自分で自由に好きな場所に行けるのは当たり前と考えれば、段差にスロープをつけることも、スロープがない場合に車いすを担ぐことも当然だと思えるであろう。

このように「物理的バリア」と「心理的バリア」は関連し合っている。バリアフリーの状況が整い、車いすでどこにでも行けるようになれば、自力歩行が不可能という「心身機能・身体構造」であっても、「活動」や「参加」には影響しない。環境因子を整え、活動を可能にすることにはすべての人がかかわるが、特に保育士を含めた社会福祉専門職は、この状況により敏感であることが求められる。

⑷　保育所における「環境因子」のとらえ方

上述した内容を保育の現場に当てはめて考えてみたい。障害のために何もできないと考えるのが間違いであるのと同様に、障害があっても何でも同じようにするべきであるというのも間違いである。例えば、視覚障害があり、光しか感じることのできないN君の保育所でのある場面を考えてみよう。

N君は、先天的に視力がない。よって、絵本を「見る」ことができない。絵本の時間になると、つまらないからといって1人で騒いで、友だちの反感の対象となっている。視力がないレベルは「心身機能・身体構造」により、絵本を見る「活動」ができず、友だちの輪の中に「参加」することを妨げている。保育士は、友だちのことを考えずに騒ぐN君の「個人因子」に長期的に働きかけることが必要だろうし、「つまらないから騒ぐ」「友だちの反感をかう」という状況は、保育士が「環境因子」を工夫することによって解消可能であろう。N君が絵本の楽しさを感じることができるよう読み方を演出したり、題材について触れることができるものを提供したり、子どもたちに「N君に説明してあげて」と協力を求めることもよいかもしれない。この場合、「N君は見えないのだから、騒いでも仕方がない」と決めつけ、他の子どもたちから切り離してとらえることが、一番大きな「バリア」となる。

2．障害児福祉施策の変遷

私たちが現在もっている障害児に対するとらえ方は、過去の障害観や施策と無関係ではあり得ない。ここでは、戦後の障害児に対する福祉施策を簡単に振り返っておきたい。

(1)　児童福祉法成立前後

　障害児福祉対策は、民間の篤志家といわれる人々による生活型施設の設立が最初である。例えば、「孤女学院」（後の滝乃川学園）は、明治期に石井亮一が設立した知的障害の子どものための施設である。石井が人身売買されている貧しい農村の子女のなかに知的障害のある子どもを見い出し、彼らを哀れんで学院を設立した話は有名である。

　障害児施設の設立・運営は、長くこれらの篤志家の人々に任されており、1947（昭和22）年の児童福祉法成立までは、障害児に対する福祉施策は特にとられてこなかった。障害のある子どもの養育は全面的に家庭に委ねられ、これらの労働力をもたない障害児は、役に立たない存在・家の恥として、生涯を家のなかで隔離されて過ごしたり、命を絶たれてしまう者も少なくなかった。

　児童福祉法の成立とともに、すべての子どもに人権が認められ、障害児に対する公的責任が明確にされた。それまでの篤志家による施設は、精神薄弱（当時は知的障害のことをこう呼んでいた）児施設、肢体不自由児施設、盲・ろうあ児施設として、運営されることになった。

　こうして始まった障害児に対する施策は、まず軽度から中程度の障害のある子どもを対象とし、重度の障害のある子どもの対策は後回しにされた。生活型の施設の対象は中程度の障害のある子どもが想定されており、重度の障害のある子どもの養育は在宅で、すべて家族に任されていた。

　しかし、戦後の核家族化で家族機能が縮小したこともあり、この負担に耐えかねて家族が崩壊したり、子どもの将来を悲観しての親子心中等が社会問題となった。当時の親子心中は、親による子どもの殺人というよりも、やむを得ない心情として同情的に受け止められていた。障害児関係団体の運動もあって、1967（同42）年には重度の知的障害と重度の身体障害とがある子どもを対象とした「重症心身障害児施設」が児童福祉法に規定された。

(2)　施設福祉から在宅福祉へ

　障害児に対する施策は、まず障害児の生活を保障するために、施設の数の拡大が進められていった。1970年代に入ると、それまでの施設中心のケアを見直し、在宅福祉を進める流れも出てきた。1974（昭和49）年には、障害児保育に関する通達が出され、障害児が地域の保育所に通うことが可能になった。また、1979（同54）年には養護学校完全義務化が施行された。それまで学習の準備ができていないという理由で「就学猶予」のもと学校教育を受けられなかった児童にも、就学の機会が保障されることとなった。通学ができ

ない在宅の重度障害児には、訪問教育が行われることになった。なお、養護学校は、2007（平成19）年に特別支援学校と名称が改正された。

　1980年代は、ノーマライゼーション思想のもと、在宅福祉が推し進められた時期でもあった。この結実として、1995（同7）年には「障害者プラン～ノーマライゼーション7か年戦略～」が策定され、ライフステージのすべての段階において、「普通」に生活できる社会をめざすことが確認された。この計画期間が終了する2002（同14）年には、2003（同15）年度から10年間の「第2次障害者基本計画」が、また、2013（同25）年には第3次障害者基本計画が策定された。この計画では、障害の有無にかかわらず、国民誰もが相互に人格と個性を尊重し支え合う「共生社会」の実現がめざされている。

　障害観がかわるにつれて、法律用語も変化した。従来から「精神薄弱」という用語には、障害のある個人に対する否定的な意味合いが感じられるという理由から、用語の改正が関係者から強く望まれていた。また、改正以前から「精神発達遅滞」「知的障害」等、法律用語と関係しない場面ではすでに別の名称が使われていた。1998（同10）年、精神薄弱という法律用語は、すべて「知的障害」に置き換えられることとなった。また、2003（同15）年には、行政がサービス提供を決定する「措置制度」から障害者自身が自己決定によりサービスの内容を選択し、事業者との契約によりサービスを利用する「支援費制度」が開始された。これにより障害児についても、在宅サービスがこの支援費制度の対象となった。

　2004（同16）年には前述した「発達障害者支援法」が成立し、これまで福祉の対象外であった「発達障害児」への対策が実現した。また、2006（同18）年には「地域社会での自立した生活の実現」を目標に、児童期の発達支援から成人期の就労・生活支援まで、ライフサイクルを通じた地域支援サービスを構築する「障害者自立支援法」（現・障害者総合支援法）が成立した。これまで「知的障害・身体障害・精神障害」の対象別に分断されていたサービスについて、市町村を実施の責任主体として一元化するとともに、児童福祉法に規定されていた育成医療が自立支援医療として障害者の医療支援と一体化し、18歳未満の障害児についての居宅サービス、補装具もここに統合された。

(3)　共生社会に向けての地域支援

　障害者自立支援法制定後も障害児・者サービスの見直し作業は継続され、「障害児支援の強化」として2010（平成22）年に児童福祉法の改正が行われた。2012（同24）年度の施行により発達障害を含む精神障害が障害児の定義として加えられた他、これまで知的障害・身体障害等の障害別になっていた

施設の一元化や、相談サービスの新設などにより、障害児の身近な地域支援の充実が図られることとなった。

　見直し作業の結実として、障害の有無にかかわらず、すべての人が地域で尊重されて生活する「共生社会の実現」の理念のもと、障害者自立支援法の改称を伴う改正により2012（平成24）年、障害者総合支援法が成立した。障害児・者一人ひとりのニーズに応じ、すべての障害がある人がサービスから抜け落ちることのないライフサイクルを通じた支援制度の整備が謳われ、制度の谷間となっていた難病者が障害児・者の定義に加えられた。また、この改正では障害の程度よりも、障害による個々の支援の必要性に焦点があてられ、各種サービスの対象が拡大された。

　今や、共生社会の形成は社会全体の合意事項となってきている。2013（同25）年には学校教育法施行令が改正され、共生社会に向けて障害児と健常児がともに学び合うインクルーシブ教育の方向が示された。2015（同27）年にスタートした「子ども・子育て支援新制度」では、すべての子どもに対し必要なサービスの提供が謳われている。障害児を含めた（インクルージョンした）すべての子どもに対する支援が提供され、子どもの最善の利益が守られる地域社会の形成がめざされる。

　2018（同30）年には障害者総合支援法が改正され、「障害児支援ニーズの多様化へのきめ細かな対応」の実施が盛り込まれた。これにより、発達支援体制が不十分であった「医療的ケア児」[※7]を含む重度障害児に対する支援が規定された。前年の2017（同29）年には児童福祉法の改正で都道府県・市町村に障害児福祉計画策定が義務づけられた。

　2021（令和3）年には「医療的ケア児支援法」が制定され、医療的ケア児がインクルーシブ保育・教育・日常生活を送るための支援を社会全体で提供すべきであるとの基本理念が示された。この基本理念を実現することは国・地方公共団体の責務であり、保育施設にも医療的ケア児の受け入れのための措置を講ずるべきことが規定された。

　また、2022（同4）年の児童福祉法の改正で、多様な障害のある子どもや家庭環境等に困難を抱えた子ども等に、より身近な地域で適切な発達支援を提供するため、これまで医療の提供により二分されていた福祉型・医療型の児童発達支援センターが、2024（同6）年より一元化することが定められた。

　今後の障害児に対する支援は、障害の早期発見・早期支援から始まり、子どもの将来に向けた一貫した発達支援、地域での家族を含めたトータルな支援の実施が図られる。

※7　医療的ケア児
　人工呼吸器の装着、気管に溜まった痰の吸引、チューブを使って胃に直接栄養を送る経管栄養等、日常生活を営むために医療ケアを要する状態にある子どものこと。NICU（新生児集中治療室）の治療が進み、重い障害をもちつつ命が助かる子どもが増えたことで、医療的ケア児が増加した。

3. 障害児の現状

※8 生活のしづらさなどに関する調査（全国在宅障害児・者等実態調査）
　これまでの身体障害児・者実態調査および知的障害児（者）基礎調査を拡大・統合して実施した。在宅の障害児・者等（これまでの法制度では支援の対象とならない方を含む）の生活実態とニーズを把握することを目的とし、5年に1度実施される。

　2016（平成28）年の厚生労働省の調査※8によると、18歳未満の在宅知的障害児は全国で約21万4,000人、18歳未満の在宅身体障害児は、約6万8,000人となっている。

(1) 知的障害児

　生活上、さまざまな支援が必要な在宅重度障害児の割合は32.2％である（表8－1）。男女比は、男性が女性の倍程度の割合であることがわかる。

(2) 身体障害児

　身体障害の程度は、身体障害者手帳に障害程度の重い順に、1～6級で示される。障害の種類別に身体障害児の内訳をみると、肢体不自由が6割弱を占めている（表8－2）。また、障害の程度をみると、1級・2級の重度の障害がある子どもが7割弱になることがわかる（表8－3）。

(3) 発達障害児・精神障害児

　精神障害児手帳をもつ障害児数の男女比をみると、男性が女性の倍以上になることがわかる（表8－4）。

　発達障害児についての全国規模の調査は存在しないが、医師から発達障害と診断された子どもの数は、21万人（2016（平成28）年12月1日現在）で、成人を合わせた総数（48万1,000人）の4割を超えている。年齢階級別でみると、0～9歳が10万3,000人、10～17歳が10万7,000人となっている。

表8－1　知的障害児数（性別・年歳階級別・知的障害の程度別）

（上段：人、下段：％）

	総　数	男　性	女　性	不　詳	重　度	その他	不　詳
0～9歳	97,000	63,000	33,000	1,000	30,000	64,000	3,000
	100.0	64.9	34.0	1.0	30.9	66.0	3.1
10～17歳	117,000	77,000	40,000	－	39,000	74,000	4,000
	100.0	65.8	34.2	－	33.3	63.2	3.4
合　計	214,000	140,000	73,000	1,000	69,000	138,000	7,000
	100.0	65.4	34.1	0.5	32.2	64.5	3.3

出典　厚生労働省「平成28年　生活のしづらさなどに関する調査（全国在宅障害児・者等実態調査）」2018年をもとに作成

表 8 － 2　種類別・年齢階級別身体障害児数

(上段：人、下段：%)

	総　数	視覚障害	聴覚・言語障害	肢体不自由	内部障害	障害種別不詳	（再掲）重複障害
0 〜 9 歳	31,000	1,000	4,000	21,000	5,000	－	8,000
	100.0	3.2	12.9	67.7	16.1	－	25.8
10〜17歳	37,000	4,000	1,000	15,000	10,000	6,000	15,000
	100.0	10.8	2.7	40.5	27.0	16.2	40.5
合　計	68,000	5,000	5,000	36,000	15,000	6,000	23,000
	100.0	7.3	7.3	52.9	22.5	8.8	33.8

出典　表 8 － 1 に同じ

表 8 － 3　身体障害児数（性別・年歳階級別・障害等級別）

(上段：人、下段：%)

	総数	男性	女性	不詳	1 級	2 級	3 級	4 級	5 級	6 級	不詳
0 〜 9 歳	31,000	11,000	19,000	1,000	18,000	4,000	3,000	3,000	1,000	4,000	－
	100.0	35.5	61.3	3.2	58.1	12.9	9.7	9.7	3.2	12.9	－
10〜17歳	37,000	21,000	15,000	－	18,000	5,000	6,000	3,000	－	－	5,000
	100.0	56.8	40.5	－	48.6	13.5	16.2	8.1	－	－	13.5
合　計	68,000	32,000	34,000	1,000	36,000	9,000	9,000	6,000	1,000	4,000	5,000
	100.0	47.1	50.0	1.5	52.9	13.2	13.2	8.8	1.5	5.9	7.4

出典　表 8 － 1 に同じ

表 8 － 4　精神障害児数（性別・年歳階級別・障害等級別）

(上段：人、下段：%)

	総数	男性	女性	不詳	1 級	2 級	3 級	不詳
0 〜 9 歳	4,000	3,000	－	1,000	1,000	1,000	－	1,000
	100.0	75.0	－	25.0	25.0	25.0	－	25.0
10〜17歳	10,000	6,000	4,000	－	－	5,000	4,000	1,000
	100.0	60.0	40.0	－	－	50.0	40.0	10.0
合　計	14,000	9,000	4,000	1,000	1,000	6,000	4,000	2,000
	100.0	64.3	28.6	7.1	7.1	42.9	28.6	14.3

出典　表 8 － 1 に同じ

2　障害児の福祉と保育

1．障害児の福祉施策

　障害児に対する福祉施策は、障害者総合支援法により障害者施策と一体的に行われるものと、子どもに対する施策として児童福祉法に規定されたもの、障害の早期発見・早期治療の枠組みのもと母子保健法で実施される施策とがある。まず障害者総合支援法のなかでの障害児支援サービス、児童福祉法でのサービスの概略について述べ、具体的な支援項目の内容については、障害

図8-2 障害児サービスの体系と開始時期

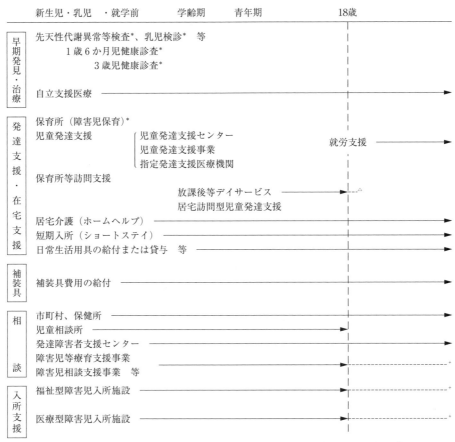

注 *は、障害児対応を含む一般施策として実施。△は、必要に応じて20歳まで利用延長可能。+は、原則18歳以上は、必要に応じて障害者総合支援法に基づく地域生活支援、または入所型の支援に移行となる。

児のサービス受給のステージ（早期発見・早期治療、発達支援・在宅支援サービス、入所型支援サービス）ごとに説明する（図8-2）。

(1) 障害者総合支援法によるサービスの概略

　障害者総合支援法は共生社会の実現に向けて、障害児・者自身の意思を尊重した地域でのサービスをめざす。サービスは、原則として利用者により近い立場の市町村により提供される。市町村は、全国一律の制度である自立支援給付による「地域生活支援事業」と「障害福祉サービス」を実施する。

　地域生活支援事業では、市町村・広域的な立場から都道府県が、それぞれの地域の実情に合わせて柔軟に障害児・者の地域生活を支えるサービスを実施する。障害児を対象とした具体的な事業内容としては、障害児・者や家族の相談に応じる相談支援事業、外出時の移動を支援する移動支援事業、日常

図 8 - 3　障害者総合支援法によるサービス

障害児サービス	障害者サービス

介護給付

居宅介護（自宅で入浴・排せつ・食事の介護等を提供）──────────────→
同行援護（外出支援、移動支援　等）──────────────→
　　　　　　　　　　　　　　　　　　　　　　重度訪問介護*
行動援護（外出支援、行動支援　等）──────────────→
　　　　　　　　　　　　　　　　　　　　　　療養介護*
　　　　　　　　　　　　　　　　　　　　　　生活介護*
短期入所（ショートステイ）──────────────→
重度障害者等包括支援（居宅介護等複数のサービスを包括的に提供）───→
　　　　　　　　　　　　　　　　　　　　　　施設入所支援*

訓練等給付

　　　　　　　　　　　　　　　　　　　　　　自立訓練*
　　　　　　　　　　　　　　　　　　　　　　就労移行支援*
　　　　　　　　　　　　　　　　　　　　　　就労継続支援*
　　　　　　　　　　　　　　　　　　　　　　就労定着支援*
　　　　　　　　　　　　　　　　　　　　　　自立生活援助*
　　　　　　　　　　　　　　　　　　　　　　共同生活援助（グループホーム）*

地域生活支援事業

相談支援事業──────────────→
コミュニケーション支援事業（手話通訳の派遣　等）──────────────→
日常生活用具の給付又は貸与──────────────→
移動支援事業（移動介護、福祉リフト付きバスの運行　等）──────────────→
地域活動支援センター──────────────→
日中一時支援事業──────────────→
　　　　　　　　　　　　　　　　　　　　　　福祉ホーム
　　　　　　　　　　　　　　　　　　　　　　デイサービス　等

自立支援医療──────────────→

　　　　　　　　　　　　　　　　　　　　　　地域相談支援

計画相談支援──────────────→

補装具──────────────→

注　＊は、障害者のサービスであるが、15歳以上の障害児であって児童相談所からサービスを利用することが適当との意見があった場合には、市町村から支給決定を受けて利用することが可能。

生活用具給付事業、日中一時支援事業などがあげられる。

　自立支援給付を障害児が受給するには、市町村への申請が必要である。申請の際はまず、専門知識をもつ障害児相談支援事業者の「計画相談支援」により利用したいサービスを決め、市町村に申請する（事業者に申請を代行することも可能）。市町村の認定を経て支給が決定すれば、支給内容により事業者が障害児支援利用計画を作成する。保護者はこの計画に沿って指定事業者や指定施設と利用契約を結び、サービスが提供される。利用するサービス費用の原則 1 割を保護者が負担するが、負担が大きすぎないようさまざまな減免処置が取られる。

障害児が対象となる障害福祉サービスは、介護給付のうち主に「居宅サービス」（居宅介護・同行援護・行動援護・重度障害者等包括支援・短期入所（ショートステイ））である。この他、障害者のサービスである重度訪問介護、療養介護、生活介護、共同生活援助、自立訓練、就労移行支援、就労継続支援等についても、児童相談所が必要と認めれば、市町村からの支給決定を受けて利用することができる（図8－3参照）。

(2)　児童福祉法による支援

　障害児に対する支援は、居宅生活を支援する通所支援と、入所支援とに分かれる。

　障害児通所支援には、障害児発達支援、放課後等デイサービス、保育所等訪問支援のサービスがある。サービス利用には、市町村への申請が必要である。申請の際は障害児相談支援事業者による「障害児相談支援」サービスを受け、利用したいサービスを市町村に申請し、支給決定を受ける。その後、保護者がサービス提供事業者と利用契約を結び、サービスが提供される。

　障害児入所支援については、都道府県に申請し、児童相談所が入所について個別に判断し、利用が認められれば保護者が入所施設と利用契約を結ぶ。

　なお、児童福祉法による支援については、保護者による虐待などの場合は、サービス提供主体（市町村、都道府県）による措置が適用される。具体的なサービスの内容については、(4)障害児の発達支援・居宅支援サービスおよび(5)入所型施設サービスで述べる。

(3)　障害の早期発見・早期治療

　障害児の福祉の第一歩である早期発見・早期治療のために、次のような施策が行われている。

先天性代謝異常等検査

　近年の医療技術の発展により、早期に発見すれば障害の発現を予防したり、軽減を図れる疾患が増えてきた。新生児のマス・スクリーニングにより、フェニールケトン尿症・クレチン症などの代謝異常は、それぞれ対策が可能になり、知的障害の発現を抑えることができる。検査等を希望する人には、都道府県・指定都市からその費用（一部自己負担あり）が助成される。

健康診査

　現在、市町村により1歳6か月児健診・3歳児健診が行われている。健診の受診率は平均85％以上であり、未受診の子どもの追跡調査も含めて、「気になる子ども」の発見に役立っている。障害に関してみると、早期に発見す

ることにより、早期治療・療育に結びつけることが可能になる。障害児は家庭での養育の影響を大きく受ける。健康診査は障害を発見するだけでなく、その後の家庭での療育の指導や、子どもに障害があることを告げられ、動揺する保護者に対する支援プログラムへのつなぎの役割も果たしている。

自立支援医療費の支給

障害者総合支援法のもとで障害児・者に支給されるが、ここでは子どもに対するサービスのみについて記述する。

自立支援医療は、早期治療により身体障害を予防・防止する目的をもつ給付である。比較的短期の医療によって障害の軽減や除去が見込める身体障害児に対して、自立支援医療費が支給される。整形外科・眼科・耳鼻咽喉科・先天性の臓器障害・肝不全による人工透析などの医療費が、公費により支出される。なお、費用の一割が原則自己負担となるが、多大な負担とならないよう調整される。

⑷　障害児の発達支援・居宅支援サービス

地域で生活する障害児の支援には、障害者総合支援法により提供される居宅サービスと、児童福祉法により提供される通所支援があり、どちらも市町村を通じて提供される。

児童発達支援センター

2010（平成22）年の児童福祉法改正以前は、障害児通園施設（知的障害児通園施設、肢体不自由児通園施設、難聴幼児通園施設）として、就学前の障害のある幼児に対し、療育、相談等のサービスが実施されていた。もともと施設種別の障害に対応した専門性を重視しつつも、どの通園施設を利用してもよいとされていたが、2012（同24）年度の施行で障害別の枠を外して統合され、医療提供の有無により2類型に再編された。さらに、より身近な地域で必要な発達支援が受けられることをめざし、2024（令和6）年からは児童発達支援センターに一元化される。

センターでは、利用障害児や家族に児童発達支援サービスを提供する。児童発達支援とは、日常生活における基本的な動作の指導、知識技能の付与、集団生活への適応訓練の他、従来の医療型で実施されてきた肢体不自由児に対するリハビリテーション治療も実施される。

センターは、地域の中核的な療育支援施設として専門機能を生かし、障害児支援利用計画[※9]の作成等の相談事業など、地域の障害児やその家族への相談も実施する。また、後述する保育所等訪問支援の実施など、障害児を預かる施設への援助・助言を行う役割も期待される。

※9　**障害児支援利用計画**
障害児通所支援給付等の申請にかかる障害児の心身の状況等を勘案し、利用するサービスの内容等を定めたもの。

児童発達支援事業

地域の障害児やその家族に対する支援を行う身近な療育の場として開設される。NPO法人等多様な実施主体の参入により、さまざまな支援サービスの提供が進むことが望まれている。児童発達支援センターは地域の基幹施設として必要に応じて専門性を提供し、児童発達支援事業を支援する。

指定発達支援医療機関[10]

サービスの実施機関として、厚生労働大臣が指定した医療機関をいう。

居宅訪問型児童発達支援

通所での発達支援を受けることが困難な重度障害児（医療的ケア児や、感染症のリスクのため外出して支援を受ける事が困難な子どもを含む）に対し、児童発達支援センター等で提供されるものと同等の発達支援サービスを提供する。重度障害児等が在宅で適切な発達支援を受けることで、通所型の支援に移行することや、子どもの社会生活の幅を広げることが期待される。

保育所等訪問支援[11]

障害児が保育所等における集団生活の適応のための専門的な支援を必要とする場合、保護者の申請により、障害児の指導に専門的知識をもつ訪問担当者が派遣される。支援は、障害児本人に提供される他、保育所のスタッフに対する支援方法の指導等も行われる。

放課後等デイサービス

学校通学中の障害児に対して、放課後や夏休み等の長期休暇中において、生活能力向上のための訓練、社会との交流の促進等を継続的に提供する。学校との連携のもと、子どもの状況に応じた発達支援を行い、学校や家庭とも異なる放課後の居場所づくりを推進する。

居宅介護（ホームヘルプ）

知的障害児、身体障害児のいる家庭にホームヘルパーが派遣され、居宅における入浴、排泄、食事の介護などのサービスを提供する。

短期入所（ショートステイ）

何らかの理由で、障害のある子どもを家族が介護できないときに、生活型の障害児施設等に短期間子どもを預け生活させる。

同行援護

視覚障害により外出時の移動が非常に困難な場合、専門知識をもつ同行援助従業者が必要な視覚情報の提供や介護を行うことで、視覚障害児・者の外出を支援する。

行動援護

知的障害または精神障害により自己判断能力が制限されていることで、行

※10　従来「指定医療機関」とされていたが、2014（平成26）年の児童福祉法改正により「指定発達支援医療機関」と改称された。

※11　保育所等訪問支援の対象の拡大
　生活型施設に入所する子どもの中に、専門的な支援を必要とする障害児が増加している現状を踏まえ、2018（平成30）年から乳児院、児童養護施設が新たに保育所等訪問支援の対象に加えられた。

動する際に生じる危険を回避するために必要な援護、外出時における移動中の介護、排せつおよび食事等の介護、その他行動する際に必要な援助を行う。

重度障害者等包括支援

在宅障害児の介護の必要性がとても高い場合に、居宅介護等複数のサービスを包括的に行う。

日常生活用具給付

障害児・者の日常生活上の便宜を図るための用具のうち、①障害者等が安全かつ容易に使用できる実用的なもの、②障害者等の自立を支援し社会参加を促進するもの、③日常生活品として普及していない専門的な知識・技術を要するものというすべての規定に当てはまる用具について、給付・または貸与する事業。障害児の訓練用のいす・ベッド、特殊マット等がここに該当する。

補装具費の給付

身体障害児に対して、必要な場合、盲人安全つえ・補聴器・義肢・車いすなどの補装具費の購入費・修理費が支給される。

相談サービス

相談サービスは、障害の早期発見・早期治療、子どもの将来を見通した支援、障害児をもつ家族への支援等、障害児の支援において重要な位置を占める。相談サービスは市町村、保健所、児童相談所、障害児施設等の関係機関で提供される。また、障害児のより専門的な相談に対応する障害児等療育支援事業がある。なお、発達障害児に特化した相談機関として発達障害者支援センターがある。

障害児相談支援事業

市町村が指定した事業者との相談により、児童福祉法に基づく通所サービスの利用にかかる障害児支援利用計画が策定される。このとき、障害者総合支援法に基づく居宅サービスの利用についても、一体的に利用計画を策定することができる。

障害児等療育支援事業

在宅の障害児が身近な地域で相談・療育指導が受けられるよう支援する事業。自宅への訪問指導、外来による療育相談・指導の他、保育所や障害児施設の職員の療育技術の指導も行う。事業の実施主体は、都道府県等である。

(5)　入所型施設サービス

重度の障害により家庭でのケアが困難である、養育環境が不適切である等、何らかの理由で在宅での生活が困難な障害児に対して、障害児入所支援が提供される。対象は、身体に障害のある子ども・知的障害のある子ども・発達

障害児を含む精神に障害のある子どもである。入所支援は日常的な医療サービスの必要の有無により、「福祉型」と「医療型」に分けられる。

福祉型障害児入所支援

支援内容として、障害児の保護、日常生活の指導、および独立自活に必要な知識や技能の付与が規定されている。支援は、知的障害、聴覚障害、視覚障害、肢体不自由等、それぞれの子どもの障害特性に応じて提供される。すべての障害に対応することが望ましいが、各施設の状況によっては特定の障害に対応することも認められている。

原則として18歳を過ぎると障害者総合支援法に基づく「障害者福祉施策」に移行するため、子どもの状態に応じて自立を促す個別支援計画が作成される。入所する子どもが18歳に達した際の地域生活への移行やグループホームの利用等を見通し、支援目標を明確にしたサービス提供が進められる。現状では18歳を過ぎても障害者施設や地域での自立生活への移行が進まないことから、22歳までの入所継続を可能とする一方で、成人施策への移行について、都道府県・指定都市が責任をもつべきことが示された。

医療型障害児入所支援

福祉型障害児入所支援と同様の障害児の保護、日常生活の指導、および独立自活に必要な知識や技能の付与に加え、治療が支援内容として規定されている。知的障害(自閉症)、肢体不自由、重症心身障害等の障害特性に応じて、個別支援計画に基づき、生活支援と専門医療が提供される。

医療型障害児入所支援においても、各施設の状況によっては特定の障害に対応することも認められている。また、地域生活等への移行が困難な重症児については、18歳以降の障害者福祉施策で提供される療養介護、日中支援と施設入所支援を、医療型障害児入所支援と同一施設で一体的に提供することが認められている。これにより、重症児が生活の場を変えることなく、児・者一貫の連続した支援の提供が図られる。

2. 障害児福祉にかかわる専門機関

それぞれの専門機関が専門的立場から、障害児とその地域生活を支援する。

(1) 保健所

身体に障害のある児童に対し、早期治療・療育のための指導が行われている。整形外科医・小児科医等の専門医により、療育指導も行われる。

(2) 児童相談所

　さまざまな障害児に関する相談に応じる他、療育手帳取得のための判定などのサービスを提供している。療育手帳は、知的障害のある子どもが福祉サービスを受けやすくするために交付されている。

(3) 福祉事務所

　福祉事務所では、療育手帳・身体障害者手帳の交付申請を受け付ける他、障害児を対象とした介護給付（市町村の提供する居宅介護事業・短期入所事業等）のサービス申請窓口となっている。また、福祉事務所内の家庭児童相談室でも、障害のある子どもの相談を受け付けている。

(4) 発達障害者支援センター

　知的障害には該当しないが自閉症等の特有な発達上の課題をもつ子どもの支援は、2002（平成14）年に立ち上げられた「自閉症・発達障害支援センター」によって実施されていた。発達障害者支援法成立によりこのセンターが「発達障害者支援センター」として位置づけられ、全都道府県および任意に設置された市に整備されることとなった（2023（令和5）年3月現在で、全国98か所）。その主な業務は、①発達障害者、その家族に対し相談、助言を行い、発達障害の早期発見、早期の発達支援等を行う、②発達障害者に対する専門的な発達支援および就労の支援、③医療、保健、福祉、教育等に関する業務を行う関係機関、従事者等に対し、発達障害についての情報提供および研修を行う、④発達障害に関する連絡調整、⑤その他である。

(5) 医療的ケア児支援センター

　医療的ケア児の支援には高い専門性が求められ、複数の専門機関がかかわることになる。そのため、家族にとっては、まずどこに相談すればよいのかがわかりにくい体制となっていた。このような状況を受け、医療的ケア児支援法に規定された「医療的ケア児支援センター」には、医療的ケア児に対して行う支援情報の集約点となること、家族からのさまざまな相談をまず受け止め関係機関と連携して対応すること、地域の医療、保健、福祉、教育、労働等の多機関が連携して行う支援の調整に関して中核的な役割を果たすこと等が期待されている。

　センターの設置は都道府県の義務ではないが、2022（令和4）年度内に42都道府県で設置される。

3. 障害児の保育

(1) 保育所での障害児保育

　今日の保育所は、その専門性を生かして、多様な保育ニーズに応えていくことが求められている。「保育所保育指針」には、障害のある子どもと他の子どもがともに成長できることに留意した指導計画の作成とともに、必要に応じて障害児の個別計画を策定するべきことについても言及されている。また、一人ひとりの障害の状態やその日の状況に応じた柔軟な保育の実施、家庭や専門機関との連絡・連携を密にすることが示されている。

　厚生労働省の資料によると、2021（令和3）年度の保育所で受け入れられている障害児は8万6,407人で、これは保育所利用児童の約3.2%にあたる。保育所で受け入れる障害の程度ははっきりとした基準があるわけではなく、受け入れ側となる保育所の姿勢に任されている。

　2017（同29）年度から、これまで保育所での受け入れが困難であった「医療的ケア児」が保育所に通うため、看護士を保育所に派遣したり、保育士がたん吸引等の研修を受講することを進める「医療的ケア児保育モデル事業」が実施された。2021（令和3）年には「医療的ケア児支援法」が制定され、保育所を利用している医療的ケア児に対し適切な支援を行うことが、保育所の責務であることが明言された。医療的ケア児が保育所を利用することで、医療的ケア児にとっても、健常の子どもにとっても、お互いの社会経験を広げ、育ちあう機会を得ることになる。障害者のライフスタイルを通じた地域での生活支援が強調されるなかで、保育所で障害児と健常児が出会い、ともに成長して理解を深めていく意義は、ますます大きくなってきているといえよう。

(2) インクルーシブ保育の留意点

　障害児を保育所に受け入れるためには、まずその子どものもつ「個性」としての障害をしっかり理解しておく必要がある。その上で、保育所全体で受け入れの準備をしておかなければならない。例えば自閉症の子どもは一般的に幼児期は多動で、クラスから飛び出してしまうことも多い。このため、保育所内のどこに行っても対応してもらえたり、クラスに連れ戻してもらえる等の体制が必要である。また、保育所の外に飛び出してしまうことがないよう、確実に門の施錠を行う場合などについては、職員や迎えに来る保護者にも徹底してもらう必要がある。また、障害によっては医療的配慮の必要性、発作の場合の安全確保はどうするかなど、保育所以前に通っている専門機関

とも連絡を密にして、考えられる対策はすべてしておくことが望まれる。

　用意が整い、クラスに受け入れる場合を考えよう。障害児と健常児を一緒にしておけば、それだけでお互いによい影響を与え合うことができるというのは、幻想にすぎない。健常児が障害児を理解するには、保育者をはじめとする周囲の大人の援助が欠かせない。保育者が、障害児を受け入れているかどうかは、周囲の子どもたちに決定的に影響を与える。保育者が障害のある子どもと接するには、「できないことより、できること」を重視する視点、根気強く待つ姿勢、細かいことにこだわらずおおらかに受け止める姿勢などを求められることが多い。また、保育所は療育機関ではなく、生活の場であることを確認することも重要である。このため、不足する専門性や機能を補うため、必要に応じて専門機関と連携し、助言が得られるネットワークを構築しておくことも有効である。前述した保育所等訪問支援の活用も有効な手段として期待される。

3　これからの障害児の福祉と保育の展望

　障害者総合支援法は、市町村をはじめとする国・自治体に、障害者等が地域での自立生活が可能であるよう福祉の増進を図ることを責務とするとともに、障害児・者に対してもその能力・適性に応じ、自己決定に基づいた自立生活を送ることを求めている。たとえ低年齢であっても、保育士はその子どもなりの発達に応じた能力の最大限の発揮、自己決定を意識して、障害児の支援にあたることが求められる。

　障害があろうとなかろうと、子どもは可塑性（かそせい）に富む存在である。保育士が提供する支援は、たとえ子どもの時代のある限られた期間だけであるとしても、ライフサイクルすべてを視野に入れた、その時期のかかわりでなければならない。つまり、保育士は、障害児と呼ばれる子ども時代の困難だけでなく、障害者と呼ばれるようになる時期の困難についても見通して援助を行うことが望まれる。

　障害児と向き合うことは、自らの価値観を問われる場でもある。今日、生殖医療の進歩に伴い、「母体血胎児染色体検査：NIPT」で母体血中の胎児のDNAを調べることで、染色体異常などの障害児が生まれる確率が簡単に調べられる時代となった。「障害児を生む」こと自体は極めて個人的な事柄であるが、もし、すべての妊婦に対し、障害発生の可能性が調べられるとした

らどうであろう。

　それぞれの体験を通じて、各自でしっかり考えてほしい課題である。

〈引用・参考文献〉

厚生労働省『国際生活機能分類—国際障害分類改訂版』（日本語版）

障害児保育研究会編『保育所における障害児への対応』全国社会福祉協議会　1992年

内閣府編『令和4年版　障害者白書』2022年

厚生労働省編『令和4年版　厚生労働白書』2022年

社会保障審議会障害者部会『障害児支援のあり方に関する検討会報告書』2014年

日本精神神経学会監修、髙橋三郎・大野裕監訳『DSM-5　精神疾患の診断・統計マニュアル』医学書院　2014年

社会保障審議会障害者部会「障害者通所支援に関する検討会報告書（案）」2023年

川村隆彦・倉内惠里子『保育者だからできるソーシャルワーク—子どもと家族に寄り添うための22のアプローチ』中央法規出版　2017年

コラム　コップからあふれる水のように

　Kちゃんは、重度の知的障害のため4歳になっても言葉が出ていない。身辺自立もしておらず、食事や排泄は、障害児加配の保育士とともにクラス担当の保育士が援助している。活動が活発な子どもたちは、普段は床に座り込んで絵本をぱらぱらめくっているだけのKちゃんにさほど関心は向けないようにみえる。しかし、友だちとケンカをして気持ちを立て直すまでの間、しんどくていつも通り遊べないとき、Kちゃんに話しかけたり一方的に構ったりしている子どもたちの姿がみられていた。Kちゃんは、そんな子どもにもほとんど反応を示さず、絵本をめくったり、床をバンバンたたいたりしていた。Kちゃんをクラスの一員として大切に接する保育士の影響もあり、Kちゃんは、一緒にできないことは多いけれど、散歩をし、ご飯を食べ、お昼寝をする、生活をともにしている仲間として子どもたちから認知されていた。

　ある日、Kちゃんに時々ちょっかいを出しているY君が「Kちゃん」と手を取ると、ふいに輝くような笑顔がY君に向けられた。「Kちゃんが笑った！」とクラス中が騒然となった。その日を境に、Kちゃんは子どもたちの声かけに笑顔で応じるようになった。

　それまでまったく周囲に無関心にみえていたKちゃんは、子どもたちからの刺激を実はしっかりと受け止めていたのだろう。Kちゃんの反応を引き出すためには、コップから水があふれ出すように、刺激を注ぎ込む必要があったということか。Kちゃんの笑顔は、まさにコップにたまった水があふれ出した瞬間だったのかもしれない。

第**9**章

▶ ▶ ▶ **子どもを取り巻く諸問題** ◀ ◀ ◀

キーポイント

　2016（平成28）年5月末に児童福祉法が改正され、子どもの権利条約の精神にのっとり児童が適切に養育されること、その生活を保障されること、愛され、保護されること等が児童福祉法の理念に謳われた。しかし、児童虐待件数は増加し続けていて、2021（令和3）年度の児童相談所での児童虐待相談対応件数は20万7,659件で過去最多である。また、2019年国民生活基礎調査による子どもの貧困率は14.0％であり、ひとり親家庭の貧困率は48.3％という現状である。

　児童の権利に関する条約や児童福祉法では、子どもの最善の利益の保障や子どもの権利擁護などが謳われているが、児童虐待や子どもの貧困問題、少年非行の問題など子どもを取り巻く諸問題が山積している。この章では子どもを取り巻く諸問題とそれに対応するための法律や制度を正しく理解してほしい。

1　子ども虐待

1．子ども虐待の現状と背景

(1)　子ども虐待とは

　子ども虐待とは、児童虐待の防止等に関する法律（児童虐待防止法）第2条「児童虐待の定義」を参考にすると、保護者（子どもを監護する者）が、その養育する子どもの心身に危害を加え、子どもの生命や生活を脅かすことをいう。

　ここでは児童虐待防止法が定めている分類をもとに、「子ども虐待対応の手引き」（厚生労働省）を引用しながら説明する。

　身体的虐待（physical abuse）

　児童の身体に外傷が生じ、または生じるおそれのある暴行を加えることである。

外傷とは打撲傷、あざ（内出血）、骨折、頭蓋内出血などの頭部外傷、内臓損傷、刺傷、たばこなどによる火傷などである。また、首を絞める、殴る、蹴る、投げ落とす、激しく揺さぶる、熱湯をかける、布団蒸しにする、溺れさせる、逆さ吊りにする、異物をのませる、食事を与えない、冬戸外に閉め出す、縄などにより一室に拘束するなどといった生命の危険のある暴行も身体的虐待に分類される。

性的虐待（sexual abuse）

児童にわいせつな行為をすることまたは児童にわいせつな行為をさせることである。具体的には、子どもへの性交、性的暴行、性的行為の強要・教唆、性器を触るまたは触らせるなどの性的暴力、性器や性交を見せる、ポルノグラフィーの被写体などに子どもを強要するなどである。

ネグレクト（neglect）

適切な食事を与えない、下着など長期間ひどく不潔なままにする、極端に不潔な環境のなかで生活をさせる、家に閉じこめる（子どもの意思に反して学校等に登校させない）、重大な病気になっても病院に連れて行かない、乳幼児を家に残したまま度々外出する、乳幼児を車のなかに放置するなど、そして、祖父母、きょうだい、保護者の恋人などの同居人が虐待行為と同様の行為を行っているにもかかわらず、それを放置するなどである。

心理的虐待（psychological abuse）

ことばによる脅かし、脅迫することや、子どもを無視し、拒否的な態度を示すこと、子どもの心を傷つけることを繰り返し言う、子どもの自尊心を傷つけるような言動、他のきょうだいとは著しく差別的な扱いをする、子どもの面前で配偶者やその他の家族などに対し暴力をふるうなどである。

(2) 子ども虐待の実態

※1 相談対応件数とは、児童相談所が相談を受け、援助方針会議の結果により指導や措置等を行った件数である。

2022（令和4）年度の児童相談所での児童虐待相談対応件数[1]は、過去最多の21万7,660件（速報値）であり、対前年度比は＋5.5％で11,510件増加した（図9－1参照）。その特徴は、心理的虐待の割合が最も高く12万9,484件であり、身体的虐待は5万1,679件、ネグレクトは3万5,556件、性的虐待は2,451件であった。児童相談所に寄せられた虐待相談の相談経路は、警察等が11万2,965件（51.5％）と最も多く約半数を占めている。

2021（同3）年度と比して、児童虐待相談対応件数が増加した自治体からの聞き取りによると、関係機関からの児童虐待防止に対する意識や感度が高まり、関係機関からの通告が増えているとの回答があった。

図9－1 児童相談所での児童虐待相談対応件数の推移

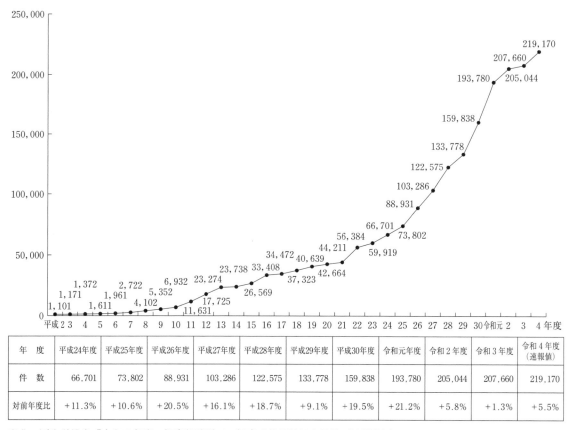

年　度	平成24年度	平成25年度	平成26年度	平成27年度	平成28年度	平成29年度	平成30年度	令和元年度	令和2年度	令和3年度	令和4年度（速報値）
件　数	66,701	73,802	88,931	103,286	122,575	133,778	159,838	193,780	205,044	207,660	219,170
対前年度比	＋11.3%	＋10.6%	＋20.5%	＋16.1%	＋18.7%	＋9.1%	＋19.5%	＋21.2%	＋5.8%	＋1.3%	＋5.5%

出典　厚生労働省「令和3年度　児童相談所での児童虐待相談対応件数〈速報値〉」

２．子ども虐待はなぜ起こるのか

　子ども虐待対応の手引きによると、子ども虐待は、身体的、精神的、社会的、経済的等の要因が複雑に絡み合って起こると考えられている。しかし、それらの要因を多く有しているからといって、必ずしも虐待につながるわけではない。子どもを虐待する保護者には、経済不況等の影響、あるいは少子化・核家族化の影響からくる未経験や未熟さ、育児知識や技術の不足、さらに世代間連鎖等多岐にわたる背景が見られる。また、地域社会からの孤立や人的なサポートの少なさも要因となっている。

(1)　子ども虐待のリスク要因
保護者側のリスク要因
　望まない妊娠・出産や若年の妊娠・出産であり、妊娠・出産を受容することが困難な場合があげられる。精神障害、知的障害、慢性疾患、アルコール依存、薬物依存等もリスク要因である。さらに、保護者自身が虐待を受けて育ち、適切なサポートを受けていない場合にもリスク要因となることがある。
子ども側のリスク要因
　乳児、未熟児、障害児など、養育者にとって何らかの育てにくさがある子どもなどがあげられる。
養育環境のリスク要因
　家庭の経済的困窮と社会的な孤立が大きく影響している。また、未婚を含むひとり親家庭、内縁者や同居人がいて安定した人間関係を築くことができない家庭、離婚や再婚が繰り返されて人間関係が不安定な家庭、親族などのサポートがない家庭や転居を繰り返す家庭、生計者の失業や転職が繰り返される家庭などである。また、夫婦の不和や配偶者からの暴力（DV）などもリスク要因になる。
その他虐待のリスクが高いと想定される場合
　妊娠届が遅いことや母子健康手帳の交付を受けていない、妊娠中に妊婦健康診査を受診しない等の胎児および自分自身の健康の保持や増進に努めないこと等は虐待リスク要因になる。さらに、関係機関の支援を拒否する場合も虐待リスクが高いと考えられる。

(2)　子ども虐待が及ぼす子どもへの影響
　子ども虐待は、子どもに対する最も重大な権利侵害である。子ども虐待は虐待の種類によって心身への影響は異なる面はあるが、いずれにおいても子

どもの心身に深刻な影響をもたらすものである。

　虐待を受けた子どもへの影響としては、身体的障害、暴力を受ける体験からトラウマ（心的外傷）をもつ。トラウマから派生するさまざまな精神症状が出て、子どもたちが情緒不安定になることがある。また、ネグレクトによる栄養・感覚刺激の不足が原因となり、発育障害や発達遅滞を引き起こすことや、安定した愛着関係を経験できないことによる対人関係障害（緊張、乱暴、ひきこもり）、自尊心の欠如（低い自己評価）等、さまざまである。

3．子ども虐待にかかわる制度・施策

⑴　児童虐待の防止等に関する法律

　子ども虐待の防止等に関する施策を推進するために2000（平成12）年に「児童虐待の防止等に関する法律（児童虐待防止法）」が制定された。この法律には、「児童虐待の定義」が明示され（第2条）、「児童虐待の禁止」が規定されている（第3条）。あわせて子ども虐待の早期発見を図るため、学校の教職員、児童福祉施設の職員、医師、保健師、弁護士等に課せられた役割が示されている。

　2004（同16）年の改正では、子ども虐待の通告拡大として、虐待を疑われる児童も対象とすること（第6条）、必要な時は警察署長の援助を要請すること（第10条）、虐待を行った保護者に対して、親子の再統合や良好な家庭環境づくりに配慮した支援を行うこと（第11条）などが規定された。

　2007（同19）年の改正では、子どもの虐待死等の重大な被害を回避するために、児童の安全を確認する立入調査等の強化（第9条）、施設入所児童の保護者に対して面会・通信制限（第12条）などが規定された。

　2022（令和4）年12月10日に、民法等の一部を改正する法律案が参議院本会議で可決・成立し、同月16日から施行された。改正前の民法822条では、「親権を行う者は、監護および教育に必要な範囲内で、その子を懲戒することができる」と、親権者には懲戒権があることが定められており、子ども虐待を正当化する口実として使われているとの指摘があった。そこで、今回の改正によりこの民法822条を削除し、親権者は必要な監護教育をできることを前提に（民法820条）、新たに821条で「監護教育に際し、子の人格を尊重するとともに、その年齢および発達の程度に配慮しなければならず、体罰その他の子の心身の健全な発達に有害な影響を及ぼす言動をしてはならない」として、子どもを養育する上で親権者が守るべき原理が規定された。この改正に伴い、児童福祉法および児童虐待防止法上の監護教育に関する規定についても、同

様の内容に改正された。

⑵　児童福祉法等の子ども虐待に関する主な改正

　2004（平成16）年、児童虐待防止法の改正にあわせ児童福祉法も改正された。この改正では、市町村による児童相談の強化（第10条）や要保護児童対策地域協議会の設置（第25条の2）等が明記された。

　2008（同20）年の改正では、子ども虐待の早期発見・対応策として、乳児家庭全戸訪問事業と養育支援訪問事業が規定された。

　さらに2016（同28）年には、児童福祉法のほかに前述の児童虐待防止法や母子保健法も合わせて改正された。この改正の趣旨は、「全ての児童が健全に育成されるよう、児童虐待について発生予防から自立支援まで一連の対策の更なる強化を図るため、児童福祉法の理念を明確にするとともに、母子健康包括支援センターの全国展開、市町村および児童相談所の体制の強化、里親の推進等の所要の措置を講ずる」とされた。

　具体的には、子ども虐待の発生予防として、市町村は妊娠期から子育て期までの切れ目のない支援を行うために母子包括支援センターの設置に努め、支援を要する妊産婦を把握した医療機関や学校は、その旨を市町村に情報提供するように努めること、国・地方公共団体は、母子保健施策が子ども虐待の発生予防・早期発見に資することを留意すべきこと等が明確化された（母子保健法）。

　また、子ども虐待発生の迅速・的確な対応として、市町村は、児童に対する必要な支援を行う市区町村子ども家庭総合支援拠点の整備に努めるものとし、市町村が設置する要保護児童対策地域協議会の調整機関について、専門職を配置すること、政令で定める特別区は、児童相談所を設置すること、都道府県は、児童相談所に児童心理司、医師または保健師、指導・教育担当児童福祉司を置くとともに、弁護士の配置またはこれに準ずる措置を行うこと、児童相談所等から求められた場合に、医療機関や学校等は、被虐待児童等に関する資料等を提供できる等の改正がされた。

⑶　子ども虐待に対応する機関

　市町村・児童相談所における要保護児童に対する相談援助活動は図9-2のように行われている。また、虐待の重症度等の対応内容および児童相談所と市町村の役割については図9-3のように整理されている。

　児童相談所

　児童相談所は、子ども虐待を発見（疑いも含む）した時の通告先である。相

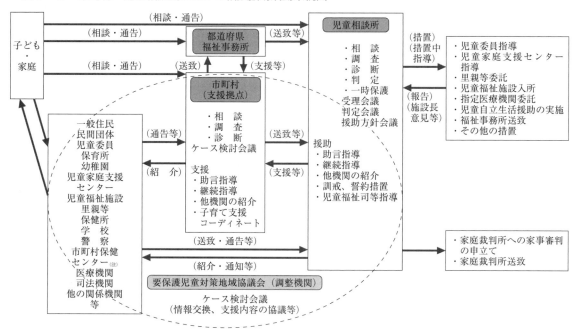

図9-2　市町村・児童相談所における相談援助活動系統図

注　市町村保健センターについては、市町村の子ども家庭相談の窓口として、一般住民等からの通告等を受け、支援業務を実施する場合も想定される。
出典　厚生労働省雇用均等・児童家庭局「児童相談所運営指針」

談・通告・送致されたケースは、受理会議や調査・判定などを通して支援方針が検討される。また、子どもを家庭から分離して安全確保する必要がある場合は、一時保護を行うこともできる。支援内容は在宅指導、児童福祉施設入所措置や里親委託、医療機関などへの斡旋がある。なお、保護者が親権を乱用する場合には、児童相談所長は家庭裁判所に親権喪失または2年以内の期間を定めて親権停止の審判請求を行うことができる。

市町村および福祉事務所

　市町村および福祉事務所は児童相談所と同様に虐待の通告先となっている。しかし、地域住民に対しての相談や援助の役割や子ども虐待の発見・早期対応などの役割も担っている。また、市町村の子育て支援事業や、福祉事務所に設置されている家庭児童相談室や家庭相談員の相談援助活動を通して幅広い子ども家庭福祉分野を担当している。

要保護児童対策地域協議会

　要保護児童対策地域協議会は、虐待を受けている子どものほか、非行児童や障害児、妊婦等も含まれることも踏まえ、虐待、非行、障害、妊婦等の分

図9－3　虐待の重症度等と対応内容および児童相談所と市町村の役割

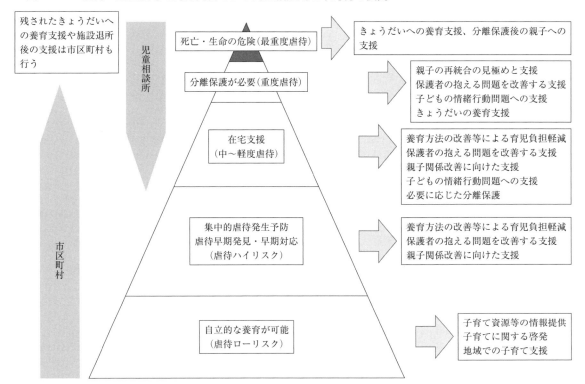

残されたきょうだいへの養育支援や施設退所後の支援は市区町村も行う

児童相談所

市区町村

死亡・生命の危険（最重度虐待）→ きょうだいへの養育支援、分離保護後の親子への支援

分離保護が必要（重度虐待）→ 親子の再統合の見極めと支援／保護者の抱える問題を改善する支援／子どもの情緒行動問題への支援／きょうだいの養育支援

在宅支援（中～軽度虐待）→ 養育方法の改善等による育児負担軽減／保護者の抱える問題を改善する支援／親子関係改善に向けた支援／子どもの情緒行動問題への支援／必要に応じた分離保護

集中的虐待発生予防　虐待早期発見・早期対応（虐待ハイリスク）→ 養育方法の改善等による育児負担軽減／保護者の抱える問題を改善する支援／親子関係改善に向けた支援

自立的な養育が可能（虐待ローリスク）→ 子育て資源等の情報提供／子育てに関する啓発／地域での子育て支援

出典　厚生労働省雇用均等・児童家庭局総務課「子ども虐待対応の手引き（平成25年8月改正版）」

科会を設けて対応することになっている。また、施設から一時的に帰宅した子どもや施設を退所した子ども等に対する支援をも担うことになっており、児童相談所や児童福祉施設等と連携を図り、施設に入所している子どもの養育状況を適宜把握して、一時的に帰宅した際や退所後の支援を実施することになっている。さらに、支援の対象となる妊婦の適切な把握および支援内容を検討するために、「妊娠・出産・育児期に養育支援を特に必要とする家族に係る保健医療の連携体制について」（通知）を踏まえ、医療機関や保健機関等と連携を図ることも求められている。

こども家庭センター

　2022（令和4）年度に児童福祉法等の一部を改正された理由は、児童相談所での子ども虐待件数が年々増加していることである。2021（令和3）年に児童相談所が対応した虐待件数は20万7,659件と増大している。

　子育てに困難を抱える家庭で子ども虐待などが起こらないような包括的な支援体制をとるために、市区町村にこども家庭センターが設置されることとなった。現在は、市区町村に子ども家庭総合支援拠点（児童福祉）と子育て

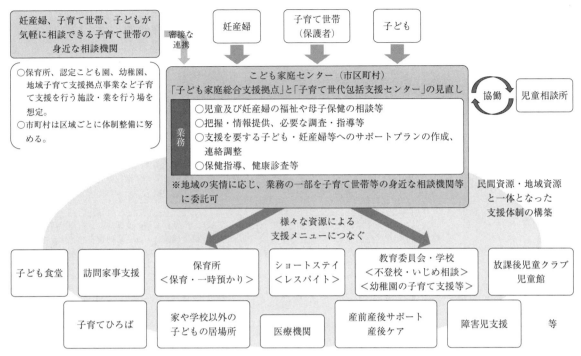

図9-4　子ども家庭センターの設置とサポートプランの作成

出典　厚生労働省「児童福祉法等の一部を改正する法律の概要」2022年

世代包括支援センター（母子保健）の2つの機関があり、この2つの機関を統合してすべての妊産婦、子育て世帯、子どもへの相談に総合的に対応する。

こども家庭センターでは、妊娠届から妊産婦支援、子育てや子どもに関する相談を受けて支援につなぐため、総合的な支援計画（サポートプランの作成）等を策定して支援を行い子ども虐待の防止等の役割を担う。こども家庭センターが市区町村に設置されるのは2024（令和6）年度である。

2　少年非行

1．少年非行の現状と背景

(1)　非行少年の定義と少年非行の現状

非行少年とは法律上では定義はない。少年法第3条で「家庭裁判所の審判に付すべき少年」と定義されている「犯罪少年」「触法少年」「虞犯少年」と

図9−5　少年による一般刑法犯検挙人員・人口比の推移（年齢別）

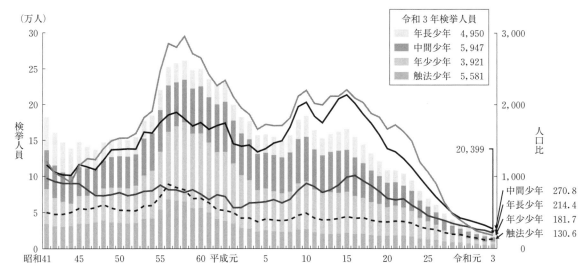

注1　警察庁の統計、警察庁交通局の資料及び総務省統計局の人口資料による。
　2　犯行時の年齢による。ただし、検挙時に20歳以上であった者を除く。
　3　検挙人員中の「触法少年」は、補導人員である。
　4　平成14年から26年は、危険運転致死傷を含む。
　5　「人口比」は、各年齢層の少年10万人当たりの刑法犯検挙（補導）人員である。なお、触法少年の人口比算出に用
　　いた人口は、10歳以上14歳未満の人口である。
出典　法務省「令和4年版犯罪白書」

いう3類型をここでは非行少年と呼ぶ。なお、これらの3類型は年齢等に
よって次のように分類されている。
①犯罪少年―罪を犯した14歳以上20歳未満の少年。
②触法少年―14歳に満たないで刑罰法令に触れる行為をした少年。
③虞犯少年―次に掲げる事由があって、その性格又は環境に照して、将来、
　　罪を犯し、又は刑罰法令に触れる行為をする虞のある少年。
　　イ　保護者の正当な監督に服しない性癖のあること。
　　ロ　正当の理由がなく家庭に寄り附かないこと。
　　ハ　犯罪性のある人若しくは不道徳な人と交際し、又はいかがわしい場所
　　　　に出入すること。
　　ニ　自己又は他人の徳性を害する行為をする性癖のあること。
　　虞犯少年は、14歳未満の場合は児童相談所に通告され、14歳から18歳未満
の場合は、虞犯の内容によっては、家庭裁判所に送致されることもある。18
歳以上は児童福祉法の対象外であるため、すべて家庭裁判所に送致される。
　　次に、少年非行の現状を確認していく。少年による一般刑法犯検挙人員・
人口比の推移（年齢層別）にみると、図9−5のとおりである。非行少年率

の1983（昭和58）年をピークに1992（平成4）年まで減少傾向にあり、1998（同10）年まで少し増加傾向になるが、2003（同15）年を過ぎると一気に減少する。そして、2021（令和3）年の検挙人員は年長少年（18・19歳）4,950人、中間少年（16・17歳）5,947人、年少少年（14・15歳）3,921人、触法少年5,581人である。各年齢層の少年10万人当たりの一般刑法犯検挙率（補導）人の人口比では、年長少年214.4人、中間少年270.8人、年少少年181.7人、触法少年130.6人となっている。

（2）　少年非行の背景

　少年非行の背景としては、現在社会がもたらす病理的な背景が大きく影響している。家庭・学校・地域社会での問題が複雑に絡み合って、その下地を作り出していると考えられる。2001（平成13）年に法務総合研究所がまとめた調査結果によると、少年院者の半数が、保護者からの虐待を経験していたこと。さらに、その半数以上もの児童は虐待の結果、やつあたりや、家で飲酒・薬物使用などの問題行動に至ったことが明らかにされた。

　被虐待児童は親からの攻撃的言動を学習し、攻撃者である親と自分自身を同一視している傾向がある。親からの虐待行為は子どもにとって相当な苦痛を伴う経験であり精神的ダメージも深いので、感情コントロール等が欠如しやすくなる。乳幼児期からの虐待が深刻なケースでは、基本的な子どもとの対人関係に障害が現れ、非行と密接に関係してくることもある。また、虐待を受けたことが後になって恨みの感情となりやすい。さらに、家庭環境が不安定な状態にある子どもにとって、安心して学業に取り組む気持ちや機会を得ることができず、低学力に陥り居場所の喪失や劣等感を持つことになる。そして、子ども自身に自尊感情が育たず無力感や他者への不信感を募らせ、反社会的行為につながっていくと考えられる。

　また、非行少年にみられる特徴的な傾向として「自己イメージが悪く、劣等感が強く、自尊感情が育っていない」「刹那的理由で非行を犯しており、感情コントロールが欠如していて、共感力に欠ける」「原因と結果の関係がわからず、年齢相応な考え方ができない」「他人との適度な距離の持ち方ができない、0％か100％の関係で好き嫌いがはっきりしている」などがあげられ、被虐待児と同じような特徴を持っていることも多い。

2．非行少年にかかわる法制度と施策

(1)　非行少年にかかわる法制度

　非行少年に関する主な法律は、少年法と児童福祉法である。各法律が非行少年をどのようにとらえているのかを解説する。

少年法

　少年法の目的は、第1条で「この法律は、少年の健全な育成を期し、非行のある少年に対して性格の矯正及び環境の調整に関する保護処分を行うとともに、少年の刑事事件について特別の措置を講ずることを目的とする」と規定されている。

　このように、非行少年に制裁を与えるだけでなく、非行少年を保護し、更生させ、健全な状態にして社会に戻すことを目的にしているのである。

児童福祉法

　児童福祉法では、非行少年を「要保護児童」の一つとして捉え、保護が必要か否かによって取り扱いが違う。このため、非行少年の支援は少年を処罰するものではなく、家庭裁判所の承認がある場合を除いて、子ども自身の行動の自由を制限するような強制的な措置はとられていない。

(2)　非行少年への施策

　子ども家庭福祉の視点から非行少年への支援に係る施策に焦点を当てることにする。非行傾向のある子どもへの福祉的対応は児童福祉法（14歳以下の児童）と少年法（14歳以上の児童）によって対応される。非行傾向のある子どもへの福祉的対応の流れは図9－6の通りである。

児童相談所

　児童相談所では14歳未満で窃盗や傷害などの刑罰法令に触れる行為をした触法少年に関する相談や、浮浪や乱暴行為などを行った虞犯少年に関する相談が行われており、これらを非行相談という。相談援助の特徴は、児童に対する教育的な指導と同時に、子どもを養育している保護者の状況も含めて行われる。援助の形態としては、児童福祉司等によるソーシャルワークや心理療法であり、多くは通所指導である。しかし、施設入所が適切であると総合判定された場合には児童自立支援施設への入所措置が行われる。

家庭裁判所

　罪を犯した14歳以上の犯罪少年には、少年法が適応され、犯罪少年の処遇を決定する機関が家庭裁判所である。ここでは、家庭裁判所調査官が、少年の犯した罪の重さや少年を取り巻く環境の状況、更生の可能性などについて

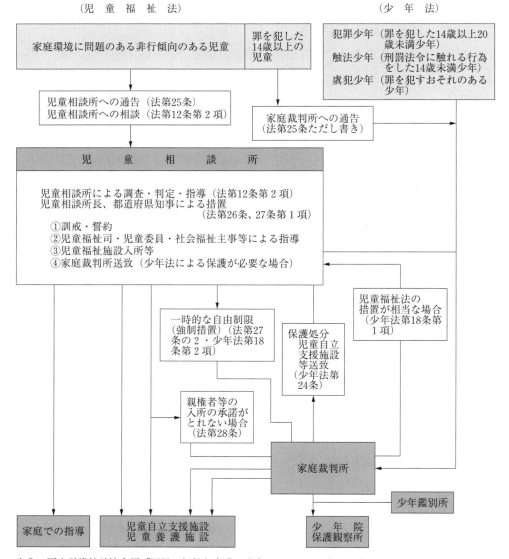

図9-6　非行傾向のある子どもへの福祉的対応

（児童福祉法）　　　　　　　　　　　　　　　　（少年法）

出典　厚生労働統計協会編『国民の福祉と介護の動向　2018／2019』2018年

調べ、裁判官による審判の判断材料となる資料を作成する。審判の内容とし
ては、不処分、児童自立支援施設への送致、保護観察所の保護観察、少年院
送致などがある。

児童自立支援施設

児童自立支援施設運営指針では、「本施設における自立支援は、安定した
生活環境を整えるとともに、個々の児童について、児童の適性、能力やその
家庭の状況等を勘案して、自立支援計画を策定し、児童の主体性を尊重して、

生活指導、学習指導、職業指導及び家庭環境の調整を行いつつ、児童への養育や心理的ケア等により、児童の心身の健やかな成長とその自立を支援することを目的として行う」とされている。

　生活指導は児童の自主性を尊重して基本的生活習慣の確立を目的とし、豊かな人間性・社会性の形成、将来の自立生活のための必要な知識経験の獲得ができるようする。そして学習指導は、学校教育法の規定による学習指導要領を準用して行なわれている。そして、職業指導は、勤労の基礎的な能力・態度の育成、適性、能力等に応じた職業選択のための相談等の支援が行われている。家庭環境の調整は、児童の家庭の状況に応じ、親子関係の再構築等を図っている。

少年院

　少年院の種類は、少年院法で、第1種少年院は心身に著しい障害がない概ね12歳以上23歳未満の者、第2種少年院は心身に著しい障害がない犯罪的傾向が進んだおおむね16歳以上23歳未満の者、第3種少年院は心身に著しい障害があるおおむね12歳から26歳未満の者、第4種少年院は少年院において刑の執行を受ける者となっている。

　少年院での矯正教育は、少年の犯罪傾向を矯正し、並びに少年に対し、健全な心身を培わせ、社会生活に適応するのに必要な知識及び能力を習得させることを目的としている。少年法では、矯正教育は、少年の円滑な社会復帰を図るため、一人ひとりの年齢や心身の発達過程を考慮し、その特性に応じ、生活指導、職業指導、教科指導、学校の教育課程に準ずる教科指導、体育指導、特別活動指導を適切に組み合わせ、体系的かつ組織的に行われている。

3　子どもの貧困の対策

1．子どもの貧困の実態

　2018（平成30）年の貧困線は127万円となっており、相対的貧困率は15.4%となっている。また、子どもの貧困率は13.5%となっている。

　「子どもがいる現役世代」（世帯主が18歳以上65歳未満で子どもがいる世帯）の世帯員についてみると12.6%になっており、そのうち「大人が一人」の世帯員については48.1%、「大人が二人以上」の世帯では10.7%となっている。

　なおOECDの所得定義の新基準に基づき算出した「貧困率」は15.7%、「子

表9－1　貧困率の年次推移

	1985 (昭和60)年	1988 (63)	1991 (平成3)年	1994 (6)	1997 (9)	2000 (12)	2003 (15)	2006 (18)	2009 (21)	2012 (24)	2015 (27)	2018(30)	新基準
	（単位：％）												
相対的貧困率	12.0	13.2	13.5	13.8	14.6	15.3	14.9	15.7	16.0	16.1	15.7	15.4	15.7
子どもの貧困率	10.9	12.9	12.8	12.2	13.4	14.4	13.7	14.2	15.7	16.3	13.9	13.5	14.0
子どもがいる現役世帯	10.3	11.9	11.6	11.3	12.2	13.0	12.5	12.2	14.6	15.1	12.9	12.6	13.1
大人が一人	54.5	51.4	50.1	53.5	63.1	58.2	58.7	54.3	50.8	54.6	50.8	48.1	48.3
大人が二人以上	9.6	11.1	10.7	10.2	10.8	11.5	10.5	10.2	12.7	12.4	10.7	10.7	11.2
	（単位：万円）												
中央値（a）	216	227	270	289	297	274	260	254	250	244	244	253	248
貧困線（a/2）	108	114	135	144	149	137	130	127	125	122	122	127	124

注1　1994（平成6）年の数値は、兵庫県を除いたものである。
　2　2015（平成27）年の数値は、熊本県を除いたものである。
　3　2018（平成30）年の「新基準」は、2015年に改定されたOECDの所得定義の新たな基準で、従来の可処分所得から更に「自動車税・軽自動車税・自動車重量税」、「企業年金の掛金」及び「仕切り額」を差し引いたものである。
　4　貧困率は、OECDの作成基準に基づいて算出している。
　5　大人とは18歳以上の者、子どもとは17歳以下の者をいい、現役世帯とは世帯主が18歳以上65歳未満の世帯をいう。
　6　等価可処分所得金額不詳の世帯員は除く。
出典　厚生労働省「2019年国民生活基礎調査」

どもの貧困率」は14.0％、「子どもがいる現役世帯」の世帯員は13.1％、そのうち「大人が一人」の世帯員は48.3％、「大人が二人以上」の世帯員は11.2％となっている（表9－1、図9－7）

2．子どもの貧困対策にかかわる法制度と施策

(1)　子どもの貧困対策の推進に関する法律

　この法律は、子どもの将来がその生まれ育った環境によって左右されることのないよう、貧困状況にある子どもが健やかに育成される環境を整備するとともに、教育の機会均等を図るため、子どもの貧困対策を総合的に推進することを目的としている。

　政府は、子どもの貧困対策を総合的に推進するための大綱を定めなければならないとされており、大綱では「子供の貧困対策に関する基本方針」「子どもの貧困率、生活保護世帯に属する子どもの高等学校等への進学率など、子どもの貧困に関する指標と当該指標に向けた施策」「教育の支援に関する事項」「生活の支援に関する事項」「保護者に対する就労の支援に関する事項」「経済的支援に関する事項」および「調査及び研究に関する事項」が定められている。そして、子どもの貧困対策会議（関係閣僚で構成）を設置する

図9－7　貧困率の年次推移

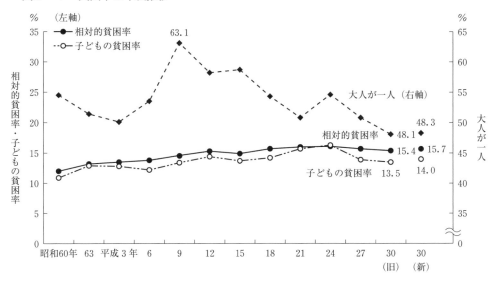

注1　平成6年の数値は、兵庫県を除いたものである。
　2　平成27年の数値は、熊本県を除いたものである。
　3　2018（平成30）年の「新基準」は、2015年に改定されたOECDの所得定義の新たな基準で、従来の可処分所得から更に「自動車税・軽自動車税・自動車重量税」、「企業年金の掛金」及び「仕切り額」を差し引いたものである。
　4　貧困率は、OECDの作成基準に基づいて算出している。
　5　大人とは18歳以上の者、子どもとは17歳以下の者をいい、現役世帯とは世帯主が18歳以上65歳未満の世帯をいう。
　6　等価可処分所得金額不詳の世帯員は除く。
出典　厚生労働省「2019年国民生活基礎調査」

ことになっている。

(2)　子供の貧困対策に関する大綱

子供の貧困対策に関する大綱の目的・理念

　政府は、「子供の貧困対策に関する大綱」の目的・理念として「現在から将来にわたって、全ての子供たちが前向きな気持ちで夢や希望を持つことのできる社会の構築を目指す。子育てや貧困を家庭のみの責任とするのではなく、地域や社会全体で課題を解決するという意識を強く持ち、子供のことを第一に考えた適切な支援を包括的かつ早期に講じる」としている。

子供の貧困対策に関する基本的な方針

＜分野横断的な基本方針＞
　1　貧困の連鎖を断ち切り、全ての子供が夢や希望を持てる社会を目指す。
　2　親の妊娠・出産期から子供の社会的自立までの切れ目のない支援体制を構築する。

3　支援が届いていない、又は届きにくい子供・家庭に配慮して対策を推
進する。

4　地方公共団体による取組の充実を図る。

＜分野ごとの基本方針＞

1　教育の支援では、学校を地域に開かれたプラットフォームと位置付け

図9－8　子供の貧困対策に関する大綱のポイント

子供の貧困対策に関する大綱
○「子どもの貧困対策の推進に関する法律」（平成25年成立、議員立法）に基づき策定
○今般の大綱改定は、
　①前大綱（平成26年8月閣議決定）において、5年を目途に見直しを検討するとされていたこと、及び②議員立法による法律改正（令和元年6月）を踏まえて実施。
○平成30年11月の子どもの貧困対策会議（会長：内閣総理大臣）において、令和元年度中に新たな大綱を策定することとされた。

目的	現在から将来にわたり、全ての子供たちが夢や希望を持てる社会を目指す 子育てや貧困を家庭のみの責任とせず、子供を第一に考えた支援を包括的・早期に実施
基本的方針	①親の妊娠・出産期から子供の社会的自立までの切れ目のない支援　➡　子供のライフステージに応じて早期の課題把握 ②支援が届かない又は届きにくい子供・家庭への配慮　➡　声を上げられない子供や家庭の早期発見と支援の多様化 ③地方公共団体による取組の充実　➡　計画策定や取組の充実、市町村が保有する情報の活用促進
指標	ひとり親の正規雇用割合、食料又は衣服が買えない経験等を追加（指標数　25→39）

指標の改善に向けた重点施策（主なもの）

1．教育の支援

○学力保障、高校中退予防、中退後支援の観点を含む教育支援体制の整備
　少人数指導や習熟度別指導、補習等のための教職員等の指導体制の充実、教育相談体制の充実、高校中退者への学習支援・情報提供等
○真に支援が必要な低所得者世帯の子供たちに対する大学等の授業料減免や給付型奨学金を実施

2．生活の安定に資するための支援

○妊娠・出産期からの切れ目ない支援、困難を抱えた女性への支援
　子育て世代包括支援センターの全国展開、若年妊婦等へのアウトリーチ、SNSを活用した相談支援、ひとり親支援に係る地方公共団体窓口のワンストップ化・民間団体の活用等
○生活困窮家庭の親の自立支援
　生活困窮者に対する自立相談、就労準備、家計改善の一体的な支援の実施を推進

3．保護者に対する職業生活の安定と向上に資するための就労の支援

○ひとり親への就労支援
　資格取得や学び直しの支援、ショートステイ（児童養護施設等で一時的に子供を預かる事業）等の両立支援

4．経済的支援

○児童扶養手当制度の着実な実施
　支払回数を年3回から6回に見直し（令和元年11月支給分～）
○養育費の確保の推進
　養育費の取決め支援、民事執行法の改正による財産開示手続の実効性の向上

施策の推進体制等

○地方公共団体の計画策定等支援
○子供の未来応援国民運動の推進
　子供の未来応援基金等の活用

出典　内閣府「子供の貧困対策に関する大綱（概要）」2019年

るとともに、高校進学後の支援の強化や教育費負担の軽減を図る。

2　生活の支援では、親の妊娠・出産期から、社会的孤立に陥ることのないよう配慮して対策を推進する。

3　保護者の就労支援では、職業生活の安定と向上に資するよう、所得の増大や、仕事と両立して安心して子供を育てられる環境づくりを進める。

4　経済的支援に関する施策は、様々な支援を組み合わせてその効果を高めるとともに、必要な世帯へ支援の利用を促していく。

5　子供の貧困に対する社会の理解を促進し、国民運動として官公民の連携・協働を積極的に進める。

6　今後5年間の重点施策を掲げ、中長期的な課題も視野に入れて継続的に取り組む。

(3)　新しい子どもの貧困対策

　2018（平成30）年に生活困窮者自立支援法や生活保護法など4法が改正された。生活困窮者自立支援法の改正では、実施主体である自治体から子どもの学習支援強化に加え、生活習慣や育成環境の改善に関して、ひとり親家庭の親などにも支援を行うことを追加した上で「子どもの学習・生活支援事業」として展開することが盛り込まれた。また、生活保護法の改正では、生活保護受給世帯の子どもが高等学校卒業後に大学や専門学校に進学する際の、「進学準備給付金」を創設した。

子どもの学習支援事業の強化（一時生活支援事業の拡充）

　子どもの学習支援事業について、学習支援に加え、「生活困窮世帯における子ども等の生活習慣・育成環境の改善に関する助言」「生活困窮世帯における子ども等の教育及び就労（進路選択等）に関する相談に対する情報提供、助言、関係機関との連絡調整」が、「子どもの学習・生活支援事業」として強化された（図9-9）。

生活保護世帯の子どもの大学等への進学支援

　生活保護世帯の子どもの大学への進学率が全世帯の子どもより著しく低いことを踏まえ、貧困の連鎖を断ち切り、生活保護世帯の子どもの自立を助長するため、生活保護制度に起因する課題に対する支援策として、「大学等進学時の一時金の創設」が講じられた。また、大学などに進学した際に、新生活の立ち上げ費用として、自宅通学で10万円、自宅外通学で30万円という一時金を給付するとされた。

1. 子どもの学習支援事業の強化

・子どもの学習支援事業について、学習支援に加え、以下を担う「子どもの学習・生活支援事業」として強化。
① 生活困窮世帯における子ども等の生活習慣・育成環境の改善に関する助言
② 生活困窮世帯における子ども等の教育及び就労（進路選択等）に関する相談に対する情報提供、助言、関係機関との連絡調整

生活困窮世帯の子ども等を取り巻く主な課題

学習面	生活面	親の養育
・高校進学のための学習希望 ・勉強、高校卒業、就労等の意義を感じられない	・家庭に居場所がない ・生活習慣や社会性が身についていない	・子どもとの関わりが少ない ・子育てに対する関心の薄さ

上記課題に対し、総合的に対応

子どもの学習・生活支援事業

学習支援 （高校中退防止の取組を含む）	生活習慣・育成環境の改善	教育及び就労（進路選択等）に関する支援
・日々の学習習慣の習慣づけ、授業等のフォローアップ ・高校進学支援 ・高校中退防止（定期面談等による細やかなフォロー）　等	・学校・家庭以外の居場所づくり ・生活習慣の形成・改善支援 ・小学生等の家庭に対する巡回支援の強化等親への養育支援を通じた家庭全体への支援　等	高校生世代等に対する以下の支援を強化 ・進路を考えるきっかけづくりに資する情報提供 ・関係機関との連携による、多様な進路の選択に向けた助言　等

出典　厚生労働省「生活困窮者等の自立を促進するための生活困窮者自立支援法等の一部を改正する法律案の概要」

4　外国籍の子どもへの支援

1．外国籍の児童の実態

　文部科学省の調査によれば、2021（令和3）年度の公立学校の外国籍児童生徒数は全国に11万4,853人にのぼる。このうち日本語指導が必要な児童生徒数は5万8,307人（日本国籍1万688人、外国人4万7,619人）となっており、この10年で約1.8倍に増加した。帰国子女だけでなく、外国から日本に定住した保護者を持つ子どもや、保護者の国際結婚により家庭内の言語が日本語以外の日本国籍の子どもが含まれる。

　全校児童生徒の半数以上が外国籍等の児童の学校が既に存在する。この背後には家庭で日本語を話せない保護者の存在があることから、外国籍等の子どもを巡る課題は教育分野だけでなく、地域全体のさまざまな課題につながっている。

2. 外国籍の児童の貧困について

　外国人との共生社会の実現のための有識者会議（第3回）「外国人児童生徒等に関する文部科学省の取組について（令和3年4月28日）」の資料によると、外国人児童生徒の日本語指導・就学支援の現状と課題では、公立学校（小中高）における日本語指導が必要な児童生徒は、2018（平成30）年度で5万人と急増している。そのうち、特別の指導を受けることができている者が8割、特別の指導を受けていても「特別の教育課程」による日本語指導を受けている者は6割である。そして、1万人程度が、何らかの指導を受けられていないのが現状である。

　日本語指導が必要な高校生の中退、非正規就職率、進学も就職もしていない者の比率は、高校生一般の水準から見ると極めて高い。すなわち、生徒本人の将来にわたる貧困につながる可能性を示すものである。

　外国籍等の子どもの貧困問題は、入国した年齢によっては、母国語も十分に話せないことから、さまざまなコミュニケーション上のストレスを子ども自身が抱え込むことになる。外国籍等の子どもの貧困問題を整理すると次のようになる。

①親の就業形態が不安定であるため就労時間を増やし、休暇も取りにくく、学校等へ親の関心が向かない。また、子どもがコミュニケーション上必要な語彙力を付ける前に入園・入学させることもあるため、子どもが学校等で孤立感を高めやすい。

②不規則な就労状況で親自身の日本語習得が遅れ、子どもの日本語が先に上達する。親子の時間も十分につくれないため意思疎通が難しくなり、親への尊敬の念が失われがちになる。

③将来に向けた選択肢の多様性がなくなる。つまり、日本語を母語にする児童生徒よりも圧倒的に語彙力が少ないことが経済的問題と言語・文化的な問題が学習にも影響し、高校・大学への進学断念や高校中退等が生じやすい。

④親の出身国に残した子どもを現地の学校を中退させて呼び寄せるため、日本の学校への進学問題に直面する。言語の問題だけでなく、子どもは精神的に不安定になりやすい。

⑤保護者の言語や就労状況のため経済的・教育的課題を解決するための相談や、制度を知る機会が乏しい。

　以上のように、日本語を母語とする子どもの貧困とほぼ同様の問題が生じていると考えるが、親子間に信頼関係の欠如や、言語によるさまざまな障害

が生じ、問題はより複雑化している。現在は自治体ごとに学習支援を中心に
さまざまな対策が講じられているが、心のケアも含めた支援体制を整える必
要があるだろう。

3．帰国・外国人児童生徒の日本語指導・就学支援について

　外国人の児童生徒には「特別の教育課程」による日本語指導が行われてお
り、日本語を用いて学校生活を営むとともに、学習に取り組むことができる
ように教育を行っている。具体的には、日本の学校生活や社会生活について
必要な知識を学び、日本語を使って行動する力を身につけることができるよ
うに、挨拶の言葉や実際の場面で使用する日本語の表現を練習したり、自分
の名前を平仮名や片仮名で書いたり、教室に掲示されている文字を理解でき
るようにしたりすることである。

　帰国・外国人児童生徒等教育に関する主な施策としては、「指導体制の確
保・充実」「日本語指導担当教師等の指導力の向上、支援環境の改善」「就学
状況の把握、就学の促進」「中学生・高校生の進学・キャリアの充実」「異文
化理解、母語・母文化支援、幼児に対する支援」などを実施している。

4．今後の対応策

　日本語教育や多文化共生に理解のある教員が十分に配置されるとは限らな
い。また、複雑な家庭が多いことから、日本語指導以外のケアや、親への伝
達など外国語の補助が必要となる。このことからも、教育関係者も含め、専
門家や行政関係者、地域住民が外国籍等の子どもやその家庭の実態を共有し、
支援するネットワークを構築する必要がある。そして、初等・中等教育だけ
でなく、幼児教育・保育の各ステージでの支援や、日本語支援だけ留まらな
い、多文化・福祉・医療・法律等の幅広い分野の専門家や地域の関係者の情
報共有や連携が必要である。

〈参考文献〉
伊達悦子・辰己隆編「改訂　保育士をめざす人の児童家庭福祉』みらい　2015年
厚生労働省「児童福祉法等の一部を改正する法律（令和 4 年法律第66号）の概要」2022
年
https://www.mhlw.go.jp/content/11920000/000957236.pdf
中央法規出版編集部『改正児童福祉法・児童虐待防止法のポイント（平成29年 4 月完全
施行)』中央法規出版　2016年
厚生労働省「子ども虐待対応の手引き（平成25年 8 月改正版)」
https://www.mhlw.go.jp/seisakunitsuite/bunya/kodomo/kodomo_kosodate/dv/130823-
01.html
厚生労働省「令和 3 年度　児童相談所での児童虐待相談対応件数（速報値)」
https://www.mhlw.go.jp/content/11900000/000987725.pdf
橋本和明『虐待と非行臨床』創元社　2004年
内閣府「令和 3 年度子供の貧困の状況と子供の貧困対策の実施の状況」
https://www8.cao.go.jp/kodomonohinkon/taikou/pdf/r03_joukyo.pdf
厚生労働省「子どもの貧困対策について」2021年
https://www.mhlw.go.jp/content/12002000/000865548.pdf
厚生労働省「2019年　国民生活基礎調査の概況」
https://www.mhlw.go.jp/toukei/saikin/hw/k-tyosa/k-tyosa19/index.html
厚生労働省「生活困窮者等の自立を促進するための生活困窮者自立支援法等の一部を改
正する法律案の概要」
https://www.mhlw.go.jp/topics/bukyoku/soumu/houritu/dl/196-06.pdf
文部科学省「外国人児童生徒等に関する文部科学省の取組について」2021年
https://www.moj.go.jp/isa/content/001342224.pdf
文部科学省「『日本語指導が必要な児童生徒の受入状況等に関する調査（令和 3 年度)』
の結果（速報）について」2022年
https://www.mext.go.jp/content/20220324-mxt_kyokoku-000021406_01.pdf
総務省「令和 3 年版犯罪白書」
https://www.moj.go.jp/housouken/housouken03_00049.html

第10章

> > > 子育て支援と健全育成 ◀ ◀ ◀

キーポイント

　高度経済成長期を経て、子どもを取り巻く環境や子どもの生活は大きく変化した。それとともに、子育て環境や子育てを巡る価値観も大きく変化した。しかし、いったいどのように変化したのか、変化したことによってどんな支援が求められているのか、本章を通してこのことを考えていただきたい。

　保育士をめざすみなさんのなかには、例えば子ども虐待について、「子どもがかわいくないなんて理解できない」「虐待をするなんて信じられない」と思う人も多いだろう。しかし、「なぜかわいく思えないのか」「なぜ虐待に至ってしまったのか」を共感的に理解しようとすることが、子育て支援には求められている。

　ここでは、少子社会での子育て・子育ちを取り巻く状況を確認し、一連の国の子育て支援策を概観する。そして、健全育成、母子保健の分野を含め、サービスの現状と今後の政策のあり方について考える。

1　少子社会と子育て

1．少子化の進行と少子化の影響

⑴　少子社会の到来

　日本の社会において、出生率低下が本格的に加速をみせたのは、1950年代である。合計特殊出生率でみた場合、人口を維持するのに必要な水準（人口置換水準）は概ね2.07とされるが、1950年代半ばにはすでに2.0あたりまでの急激な低下がみられる。その後はほぼ横ばいで推移したが、1970年代半ば以降になると再び下降傾向をみせ、1989（平成元）年には1.57となり、1966（昭和41）年の「ひのえうま」の迷信による戦後最低の出生率1.58を下回った。一般的に「1.57ショック」といっているが、これにより、出生率への社会的関心が喚起され、少子社会の到来が広く認識されるようになった。しかし、その後も出生率は持続的に低下し続け、2005（同17）年の合計特殊出生率は

1.26と過去最低になった[※1]。2022（令和4）年の値は2005（平成17）年と並び過去最低の1.26であり、前年から0.04ポイント低下した。出生数も過去最少となり80万人を割り込んだ。

※1　第1章p.12の図1−1「出生数および合計特殊出生率の推移」を参照。

(2)　少子化の影響

　1997（平成9）年、人口問題審議会で「少子化に関する基本的考え方について」という報告書がまとめられた。この報告書は、少子化という問題について初めて正面から取り上げ、その影響や要因と背景について総合的な分析を行ったものである。これによると、経済面の影響として、労働力の減少、経済成長率低下の可能性、現役世代の社会保障費等負担の増大、現役世代の手取り所得の低迷があげられている。社会面の影響としては、単身世帯や子どものいない世帯の増加などといった家族の変容、および子どもの健全な成長への影響、医療・福祉サービスなどの基礎的なサービス提供の困難化など地域社会の変容があげられている。

　また、この報告書では少子化の主要な要因は「未婚率の上昇」にあるとしている。そして、未婚率が上昇している背景として、①育児の負担感、仕事と子育ての両立の負担感、②個人の結婚観、価値観の変化、③親から自立して結婚生活を営むことへのためらいをあげている。そして、これらへの政策的対応の中核となるのは、「固定的な男女の役割分業や雇用慣行の是正と、育児と仕事の両立に向けた子育て支援である」とし、この方向づけは、その後の一連の子育て支援施策の基本となった。

　それまでの育児に対する政策は、専業主婦のいる核家族をモデルとした母親による家庭内保育の強調やその維持であったが、「1.57ショック」を契機として、子育てに対する社会的支援が重要な政策課題としてあげられるようになったといえる。

2．少子社会での子育てを取り巻く諸問題

　少子化が広く認識されるようになって、ようやく子育てに対する社会的支援の必要性が叫ばれるようになったわけだが、すでにその前から少子社会は訪れていた。そういった状況のなかで、「子どもをかわいく思えないことがある」「子育ても大事、子どももかわいいが、自分の生活も大切にしたい」など、子育て真っ最中の母親たちが切実な悩みや思いを抱えていたことは、多くの調査研究から明らかにされている。ここでは、少子社会である現代の子育てにはどのような困難性があるのか整理しておきたい。

⑴　子育て・親育ちの困難
母親に責任を押しつける社会

　高度経済成長期の保育政策の骨子は、1963（昭和38）年中央児童福祉審議会・保育制度特別部会による『保育問題をこう考える』のなかの「保育7原則」に集約されるが、ここでは、家庭内保育の重要性と親（特に母親）の育児責任が強調されている。これは、育児を家庭内で行うことが、日本の経済的発展を支える社会——経済効率を最優先する企業中心社会の維持に必要であるとすることであり、この考えは、その後の保育施策を長らく方向づけてきた。また、それと同時に「3歳までは子どもを家庭におき、母親が自分の手で育てるのがいい」という、いわゆる「3歳児神話」が強調されていたことも、子育てを母親のみのものとする社会意識を強める働きをしたといえよう。

　このように、「男は仕事、女は家庭」という性別役割が内面化され、そこから抜け出そうという意識をもたない人が多いのも、育児に母親を縛りつける原因となってきた。父親の育児への関心はかつてより高いといわれ、積極的に育児にかかわり、育児休業を取得したいという父親も増えてきているが、現実的な家計への影響等から取得したくても取得できないという現実もある。

　そして、社会全体が効率優先で進んできたために、小さな子どもを連れて街に出ること自体が罪悪と感じさせられるような状況も少なくなく、子育てに閉じ込められると同時に社会からの疎外感を感じる母親もまた多い。

経験もなく親になるという現実

「赤ちゃんに取り扱い説明書がついていればいいのに」という母親がいる。確かに、現在子育てをしている世代はきょうだい数も少なく、また、自分が子どもを生むまで赤ちゃんを抱いたことすらないという人も多いため、ある種正直な思いであろう。実際、経験としてはまったく白紙の状態からまったなしの子育てが始まり、子育ての最大のパートナーであるはずの夫（＝子どもの父親）の協力も十分得られない状態では、子育ての迷いがそのまま深い悩みとなっていく母親が少なからずいるのも無理もない。

かつて、子育てといえば、幾世代かを通して鍛えられた文化の一部として、社会全体のなかで、あるいは身近なコミュニティの人々の間で共有されてきた「経験の知」であった。しかし、その伝承や共有が著しく困難な社会となり、経験の知にかわる「情報の知」を手掛かりにするほかなくなってきている。情報の知に頼らざるを得ない親たちは、大量にたれ流される「平均的」という言葉に自分の子どもの個別性、もしくは個性を無理に重ね合わせようとして悩んだり、論者による見解の違いに混乱したりと、情報量が増えれば増えるほど不安と混乱で右往左往する。

これらのことから考えれば、親に対して親になる前からの「経験の知」を積む機会が保障されていること、そして、一貫性をもって「情報の知」が整理されている周囲のサポート体制が整っていることが非常に重要であろう。さらに、親として、また互いに夫婦として、子どもとどのように向き合い生活を築いていくべきかを考えるための機会や各種の判断材料も必要である。

このように親だけで、あるいは夫婦だけで対処できない、社会全体で取り組むべき課題が多く、そのなかには親となるはるか以前の幼児期からの経験や、思春期以降の教育に期待されるものも大いにあると考えられる。

(2)　子育ちの困難

育ち合い関係の欠落

現代の子どもたちが失った最も重要な子育ちの条件は、家族や地域社会および学校における子ども同士の育ち合いの関係である。少子化は第1に、数の問題として遊び相手となる仲間を減らした。そのため、地域によっては近所に同年代の子どもがいないため遊び仲間がいないという話を聞くこともある。また、遊び仲間がいても、1人か2人の少ない子どもを大事に育てる現代の子育てのなかでは、親の子どもへのまなざしや働きかけが過剰なまでに保護的になってきており、子ども同士のたわいのないケンカに親がすぐに介入したり、「服が汚れる」「濡れる」といった親の都合で子どもの遊びを禁止

したり、あるいは少しばかり大胆な行動を危険なものとして親が制止してしまうなど、子ども同士の関係や遊びの内容も常に親の監視のもとにおかれている。そして学齢期になれば、いじめや不登校などさまざまな問題が存在しており、親の心配はつきない。

　また、激化する土地開発は子どもたちの生活空間を奪い、人と人が直接出会いかかわりをもつ場と機会を少なくしてしまった。そして、テレビやコンピュータゲームなど、一方向的なコミュニケーションが多くなり、社会的な相互作用的コミュニケーションの機会が減ってきているとともに敬遠されるようになってきている。

母子カプセル状態が生む歪み

　都市化が進行したことにより地域の人間関係が希薄化するとともに、核家族化の進行により、「子育ての孤立化」「母子カプセル化」ともいうべき状況が広がってきている。そのようななかで育児不安や育児ストレスが高まるとともに、一方では先に述べたように、母親のまなざしと働きかけが過剰なまでに子どもに注がれていくことになる。

　専業主婦と呼ばれる母親は、子育てを一身に引き受けているわけであるが、その子育ては、子どもが小さければ小さいほど困難である。必要があっても簡単に外出することさえままならない。このように大人社会から疎外され日々延々と子どもとのみかかわる生活が続くなかでは、子育ての不安は母親自身の生き方の不安へとつながっていきがちである。その結果、ストレスをため込んで、つい、子どもに手をあげてしまい、そのことで自分を責めてストレス感が増すという悪循環も少なからず生じている。

　また、少なく産んで大事に育てるという子育ては、特に専業主婦の母親にとって、子どもの進歩が自分の存在意義、存在証明になってしまいやすい。「子どものため」ということで始めた乳幼児期からの早期教育や習いごとなどに、親の側が夢中になるという現象も見受けられる。これは、自分の競争心を満足させる対象として「子どもの将来」が選ばれているにすぎない。つまり、子どもの達成度が自分自身のあげた成果として自己評価の対象となり、子どもの将来への配慮という本来の目的を離れて、子どもの世話をやくことが自己目的化するという状況に陥っているわけである。その一方で、子どもは母親の気持ちを読み取り、「親に嫌われたくない」一心で親の期待に応えようとしている。こうした、子どもが親を支えていくという歪んだ構造が一般化してきているといわれている。

　このように、現代の母親には子どもに対するまなざしと働きかけが過剰なまでに生じているが、逆に、親として子どもが必要とする最小限のものも与

えない無関心・放任と身体的・心理的・性的虐待という、子どもの生命と人格を脅かす虐待事件も多発している。

　しかし、前者の過保護・過干渉の親と後者の虐待を働いてしまう親とは表裏一体のものであるとみていいであろう。また、これらのことは、母親ばかりでなく、父親も責任が問われるものであるのは当然のことである。

　以上、子育てを取り巻く問題は、現代の社会のありようがそのまま子育ての場に反映され、子育てのなかで生じる個々の現象として現れていることが理解できる。このような状況のなかでの個々人の選択が、少子化という形で現れているのである。そのため、少子化問題に対しては社会全体のあり方として検討していくことが求められているのである。

3．少子化と子育てにかかわる制度・施策

　すでに述べたように、「1.57ショック」という形で少子化の問題が提起された後、経済界などでも少子化問題への取り組みが始まることとなった。また、男女共同参画、職場優先の企業風土や働き方のあり方など広く社会全体の課題として検討されるようになってきた。

　このように、子どもを生み育てやすい環境をつくっていくための、男女を通じた働き方や企業の雇用管理のあり方の変更等を含めた社会全体としての「総合的な子育て支援」が検討されつつあるが、ここでは一連の子育て支援施策（図10-1）について取り上げ、今後の課題について考察する。

図10-1　国によるこれまでの取り組み

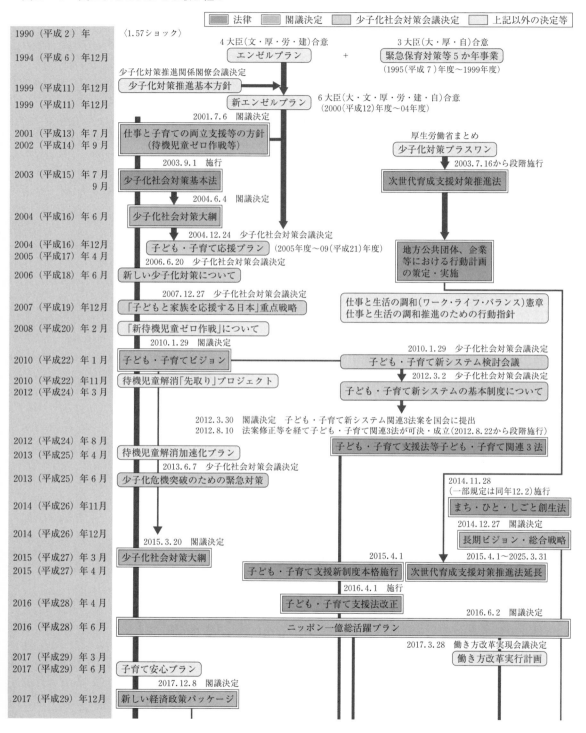

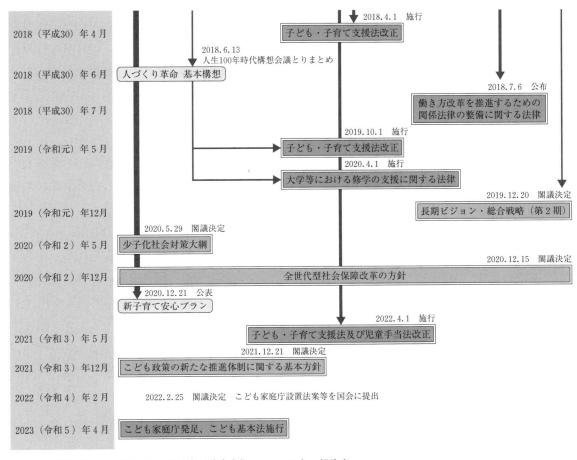

2018（平成30）年 4 月	2018.4.1　施行　子ども・子育て支援法改正
2018（平成30）年 6 月	2018.6.13　人生100年時代構想会議とりまとめ　人づくり革命 基本構想
2018（平成30）年 7 月	2018.7.6　公布　働き方改革を推進するための関係法律の整備に関する法律
2019（令和元）年 5 月	2019.10.1　施行　子ども・子育て支援法改正
	2020.4.1　施行　大学等における修学の支援に関する法律
2019（令和元）年12月	2019.12.20　閣議決定　長期ビジョン・総合戦略（第 2 期）
2020（令和 2 ）年 5 月	2020.5.29　閣議決定　少子化社会対策大綱
2020（令和 2 ）年12月	2020.12.15　閣議決定　全世代型社会保障改革の方針
	2020.12.21　公表　新子育て安心プラン
2021（令和 3 ）年 5 月	2022.4.1　施行　子ども・子育て支援法及び児童手当法改正
2021（令和 3 ）年12月	2021.12.21　閣議決定　こども政策の新たな推進体制に関する基本方針
2022（令和 4 ）年 2 月	2022.2.25　閣議決定　こども家庭庁設置法案等を国会に提出
2023（令和 5 ）年 4 月	こども家庭庁発足、こども基本法施行

出典　内閣府『令和 4 年版　少子化社会対策白書』pp.48－49を一部改変

(1)　これまでの取り組み

　すでに述べた通り、1990（平成 2 ）年のいわゆる「1.57ショック」以降、政府は少子化対策をスタートさせ、1994（同 6 ）年12月に 4 大臣（文部・厚生・労働・建設）合意に基づく「エンゼルプラン」が策定された。これに基づき「緊急保育対策等 5 か年事業」として、保育の量的拡大や多様な保育（低年児保育、延長保育等）の充実などについて、数値目標を定めて取り組みが進められた。

　2000年代に入ると、保育中心であった対策は、雇用、母子保健、教育等にも拡げられ、2003（同15）年には「少子化社会対策基本法」が制定された。翌年には「少子化社会対策大綱」が閣議決定され、少子化対策は政府全体の取り組みとして位置づけられるようになった。また2003年に制定された「次世代育成支援対策推進法」により、国や地方自治体に加え、事業主も行動計

画を策定することとなり、仕事と子育ての「両立支援」の取り組みが進められるようになった。

2010年代に入ると、「社会保障と税の一体改革」の流れのなかで、消費税率の引き上げに伴う社会保障の充実として、子ども・子育て分野へも財源が充てられ、待機児童対策、幼児教育・保育の無償化、高等教育の無償化などの取り組みが進められた。

(2) 子ども・子育て支援新制度

1990年代以降、政府によりさまざまな施策が講じられてきたが、仕事と子育てを両立できる環境の整備が大きく進展したとは言い難く、出生数は低調が続いた。2010（平成22）年に策定された「子ども・子育てビジョン」では、これまでの「少子化対策」から「子ども・子育て支援」へと視点を移し、「家族や親が子育てを担う社会」から「社会全体で子育てを支える」という基本理念の転換がようやくなされた。このような状況のなかで、政府は少子化社会対策会議のもとで新たな子育て支援制度について検討を進め、2012（同24）年3月に「子ども・子育て新システムに関する基本制度について」を同会議において決定した。

これに基づき、政府が提出した「子ども・子育て関連3法案」は、国会審議による修正等を経て、2012（同24）年8月に公布された[※2]。これらの法律に基づく子ども・子育て支援新制度は、社会保障・税一体改革の一項目として、消費税率の引き上げによる財源の一部により、2015（同27）年度より本格施行された。

子ども・子育て支援新制度では、幼児期の学校教育・保育、地域の子ども・子育て支援を総合的に推進するものであり（図10-2参照）、主なポイントは、①認定こども園、幼稚園、保育所を通じた共通の給付（施設型給付）及び小規模保育[※3]等への給付（地域型保育給付）の創設、②認定こども園制度の改善、③地域の実情に応じた子ども・子育て支援の充実である。

つまり、①では、多様な保育を財政支援の対象とし、都市部における待機児童の解消や子どもが減少傾向にある地域における保育の確保が意図された。また②では、2006（同18）年に創設された認定こども園制度の弊害[※4]を解消し、その設置の促進を図ることがめざされた。③では、教育・保育施設や地域の子育て支援事業等の情報提供や助言等を行う利用者支援や、子育て相談、親子同士の交流ができる地域子育て支援拠点、一時預かり、放課後児童クラブ等、市町村が行う事業を「地域子ども・子育て支援事業」として法律上に位置づけ、財政支援を強化し拡充が図られた。

※2　「子ども・子育て関連3法案」は、「子ども・子育て支援法」「就学前の子どもに関する教育、保育等の総合的な提供の推進に関する法律の一部を改正する法律」「子ども・子育て支援法及び就学前の子どもに関する教育、保育等の総合的な提供の推進に関する法律の一部を改正する法律の施行に伴う関係法律の整備等に関する法律」である。

※3　第7章p.106を参照。

※4　学校教育法に基づく幼稚園と児童福祉法に基づく保育所という2つの制度を前提にしていたことにより、認可や指導監督等に関する二重行政の課題などが指摘されていた。

図10−2　子ども・子育て支援新制度の概要

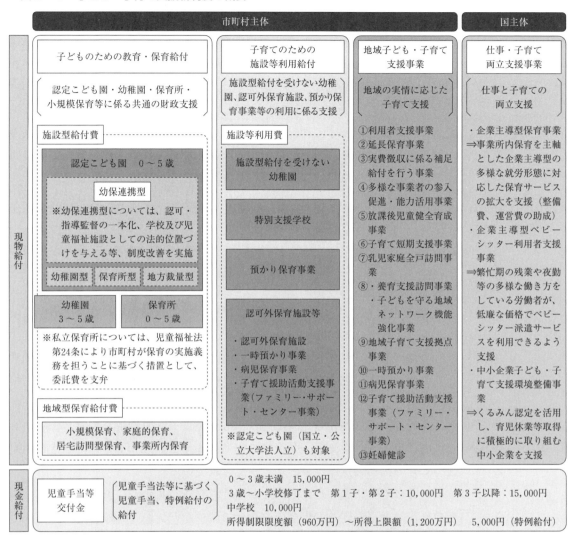

出典　内閣府子ども・子育て本部「子ども・子育て支援新制度について」2022年

　子ども・子育て支援新制度は、戦後最大の保育改革ともいわれたが、保育士の確保や保育の質の担保は極めて重要な課題として引き続き検討が求められる。

(3)　現在の動向

　子ども・子育て政策を1990年代から今日までの流れの中で見れば、政策領域の拡大や財源の確保に伴う子ども・子育て支援新制度の実施により、待機児童は一部の地域を除きほぼ解消に向かうなどの成果はみられた。しかし、仕事と子育ての両立の難しさ、家事・育児の負担が依然として女性に偏って

いる状況、子育ての孤立感や負担感、子育てにかかる教育費負担などを考えると、安心して生み育てる環境が整ったとは言い難い。

少子化や人口減少に歯止めはかからず、子ども虐待の相談対応件数や不登校、インターネットや携帯電話等によるいじめの件数は増加し続け、子どもを取り巻く状況は深刻になっている。これらの状況等を背景とし、2021（令和3年）12月に「こども政策の新たな推進体制に関する基本方針」が閣議決定され、こども家庭庁の創設が明記された。基本方針は「常にこどもの最善の利益を第一に考え、こどもに関する取組・政策を我が国社会の真ん中に据えて、こどもの視点で、こどもを取り巻くあらゆる環境を視野に入れ、こどもの権利を保障し、こどもを誰一人取り残さず、健やかな成長を社会全体で後押しする」と述べられている。

2023（同5）年4月には、こども家庭庁の創設とともに、「こども基本法」が施行された。それに先立つ2023年3月31日に、今後のめざすべき姿と当面加速化して進めるべき事柄を検討し「こども・子育て政策の強化について（試案）〜次元の異なる少子化対策の実現にむけて〜」が公表された。その中には、こども・子育て政策の基本理念として、1．若い世代の所得を増やす、2．社会全体の構造・意識を変える、3．全ての子育て世帯を切れ目なく支援する、という3つの基本理念が記されている。また、「今後3年間で加速化して取り組むこども・子育て政策」として、1．ライフステージを通じた子育てに係る経済的支援の強化、2．全てのこども・子育て世帯を対象とするサービスの拡充、3．共働き・共育ての推進、4．こども・子育てにやさしい社会づくりのための意識改革の4点が記されている。

これらは着実に進められることが期待される。しかし、子育て以前に、若者の経済的な不安定さや出会いの機会の減少など、個々人の結婚・妊娠・出産・子育ての希望の実現を阻むさまざまな要因が依然として多々存在している。そのような現状からは、「子育て政策」という枠組みのみではなく、より広く多様な家族を認めることや、さまざまな生き方が尊重されるような制度・施策の展開が求められるのではないだろうか。

2　ひとり親家庭への支援

これまで述べてきたように、子育て支援策は広範にわたる分野で具体化されてきているが、ひとり親家庭が抱える固有の生活問題に対する支援策は、

ひとり親家庭が少数派であるがゆえに着目されにくく、十分な施策の展開がなされてきた状況ではなかった。

　ひとり親家庭の生活問題には、ひとり働きゆえに相対的に厳しい経済状況にあるということ、仕事と家事育児をすべて1人で担うことからくる心身の疲労、ひとり親家庭に対する偏見や差別からくる悩みやストレスの問題、子どもを養育していく際に生じる人手の確保の困難さ、子どもの進学を取り巻く費用などがある。

　このように重層的な生活課題を抱えがちなひとり親家庭であるが、実際に日本のひとり親家庭、とりわけ母子世帯の貧困率は先進国のなかでも際立って高く、先進諸外国と比べて働いているにもかかわらず貧困状態にとどまっているという特異的な状況がある。また、ひとり親家庭の貧困は子どもの貧困に直結しており、子どもの成長に多大な影響を与える[※5]。

　2002（平成14）年に「母子及び寡婦福祉法」等が改正され「就業・自立に向けた継続的な支援」という方向性が示され、①子育て・生活支援策、②就業支援、③養育費の確保、④経済的支援が進められ、この①〜④を4本柱としひとり親家庭支援が推進されることとなった。

　しかし、依然としてひとり親家庭の生活状況は厳しく、2013（同25）年8月、社会保障審議会児童部会ひとり親家庭への支援施策の在り方に関する専門委員会により「ひとり親家庭への支援施策の在り方について（中間まとめ）」が取りまとめられた。これをふまえてひとり親家庭支援施策を強化するための母子及び寡婦福祉法、児童扶養手当法等の改正事項も盛り込んだ「次世代の社会を担う子どもの健全な育成を図るための次世代育成支援対策推進法等の一部を改正する法律」が2014（同26）年4月に公布された。これにより「母子及び寡婦福祉法」が「母子及び父子並びに寡婦福祉法」に改称され、長い間懸案とされてきた父子世帯への支援が拡大された。

　一方、子どもの貧困対策会議において、「すくすくサポート・プロジェクト（ひとり親家庭・多子世帯等自立応援プロジェクト）」が2015（同27）年にとりまとめられた。具体的には、ひとり親家庭が孤立せず支援につながる仕組みを整え、相談窓口をワンストップ化し寄り添い型支援を行うことができる体制の整備が進められた。

　生活困難な状況にあるひとり親家庭については、個々の家庭の実情に応じた地域におけるサポートが必要である。そのようなサポート体制を地域に構築していくことが課題である。

※5　子どもの貧困対策として、2013（平成25）年に「子どもの貧困対策の推進に関する法律」が成立している。概要については第4章p.65を参照。

図10-3　ひとり親家庭等への支援施策の動き

平成27年12月　すくすくサポート・プロジェクト（ひとり親家庭・多子世帯等自立応援プロジェクト）子どもの貧困対策会議決定

【支援施策の拡充等】平成28年度
- ワンストップ化の推進（現況届時の集中相談体制の整備等）
- 自立支援教育訓練給付金の充実（訓練費用の2割→6割）
- 高等職業訓練促進給付金の充実（支給期間の延長（2年→3年）等）
- 子どもの生活・学習支援事業の創設
- 養育費等支援事業の充実（弁護士による相談事業の実施）
- 母子父子寡婦福祉資金貸付金の貸付利率の見直し

平成28年8月　改正児童扶養手当法施行（第2子以降の加算額の倍増）

平成28年11月　全国ひとり親世帯等調査（平成29年12月公表）

【支援施策の拡充等】
平成29年度・自立支援教育訓練給付金の充実
平成30年度・高等職業訓練促進給付金の拡充
　　　　　　・母子父子寡婦福祉資金貸付金の拡充
　　　　　　・未婚のひとり親家庭に対する寡婦（夫）控除のみなし適用の実施
　　　　　　・児童扶養手当の全部支給所得制限限度額の引き上げ

平成30年9月　改正児童扶養手当法施行（令和元年11月から支払回数を年3回から年6回に拡大）

【支援施策の拡充等】令和元年度
- 自立支援教育訓練給付金の拡充（専門資格の取得を目的とする講座を追加）
- 高等職業訓練促進給付金の拡充（支給期間の延長（3年→4年）、最終年における給付金の増額）
- 離婚前後親支援モデル事業の創設
- 未婚の児童扶養手当受給者に対する臨時・特別給付金の支給（令和2年1月支給）　等

令和元年11月　子供の貧困対策に関する大綱の改正

令和2年3月　基本方針の見直し

【支援施策の拡充等】令和2年度
- 母子・父子自立支援員等の専門性の向上を図るための研修受講の促進等（研修受講費や受講中の代替職員の経費等を補助を実施）
- ひとり親家庭日常生活支援事業の拡充（補助単価の引き上げ、定期利用の対象を小学生まで拡大）
- ひとり親家庭高等学校卒業程度認定試験合格支援事業の拡充（受講終了時の支給割合の見直し）
- 母子父子寡婦福祉資金貸付金の拡充（就学支度資金や修学資金に受験料や修学期間中の生活費等を加える。）
- 未婚のひとり親に対する税制上の措置及び寡婦（寡夫）控除の見直し
- 低所得のひとり親世帯への臨時特別給付金の支給　等

令和3年3月　改正児童扶養手当法施行（児童扶養手当と障害年金の併給調整の見直し）

令和3年3月　非正規雇用労働者等に対する緊急支援策（新型コロナに影響を受けた非正規雇用労働者等に対する緊急対策関係閣僚会議決定）

【支援施策の拡充等】令和3年度
- 母子・父子自立支援員等の専門性の向上を図るため、ひとり親家庭に対する相談支援体制強化等事業の創設
- 就労を通じた自立に向けて意欲的に取り組んでいる低所得のひとり親家庭を対象とした、ひとり親家庭住宅支援資金貸付を創設
- 母子家庭等自立支援給付金事業の拡充（4年以上の課程の履修が必要な養成機関等で修業する場合等、給付金を4年間の支給）
- 母子家庭等就業・自立支援事業の拡充（母子家庭等就業・自立支援センターへの心理カウンセラーの配置）
- 養育費等相談支援事業、養育費等相談支援センター事業、離婚前後親支援モデル事業の拡充（補助単価引き上げ等）
- 低所得の子育て世帯に対する子育て世帯生活支援特別給付金（ひとり親世帯分）の支給　等

令和3年11月　全国ひとり親世帯等調査（令和4年12月公表）

【支援施策の拡充等】令和4年度
- ひとり親家庭への総合的な支援のための相談窓口の強化事業（夜間・休日対応支援、弁護士・臨床心理士等による相談対応支援等の補助を実施）
- 自立支援教育訓練給付金の拡充（専門実践教育訓練給付の上限額を引き上げ）
- 低所得の子育て世帯に対する子育て世帯生活支援特別給付金（ひとり親世帯分）の支給　等

出典　こども家庭庁「ひとり親家庭等の支援について」2023年　pp.13-14

3　子どもの健全育成

1．健全育成の意味

　「健全育成」は、すべての子どもが、年齢や発達段階に応じて心身ともに健やかに育成されることを言い、児童館をはじめとする児童厚生施設や放課後児童クラブで活動が展開されている。しかし、学齢前の児童とその保護者を対象とした子育て支援に比して、学齢期の児童を対象とした支援は少ない。「小1の壁」という言葉に象徴されるように、学齢期の子どもが放課後などを安心・安全に過ごし多様な体験や活動を行うことができる子どもの居場所の確保は、保育所の待機児童問題が深刻であるのと同様に、喫緊の課題となっている。さらに、中高生が学校や家庭以外の大人や地域とかかわりながら成長していける場や機会をそれぞれの地域で創っていくことも求められている。

2．健全育成にかかわる施策等

(1)　児童厚生施設
　児童厚生施設は、「児童に健全な遊びを与えて、その健康を増進し、又は情操をゆたかにすることを目的とする施設」と、児童福祉法第40条に規定され、児童福祉施設に相当する。児童館と児童遊園の2種があり、児童の遊びを指導する者が置かれている。
　児童館には、小地域を対象とした子どもに健全な遊びを提供する施設である小型児童館、それに体力増進の機能が加わった児童センター、さらに、児童センターの機能に加えて他の児童館・児童センターとの連絡調整の役割を果たすA型児童館、自然のなかで宿泊ができ野外活動ができるB型児童館、広域の子どもを対象として芸術・体育・科学などの総合的な活動ができるように、劇場・プール・コンピュータプレイルーム等の施設をもつC型児童館がある。
　児童遊園は、屋外での活動の場として整備されているもので、都市公園法に定める児童公園とともに主として幼児や小学校低学年の子どもにとって重要な健全育成資源である。

(2)　放課後児童健全育成事業（放課後児童クラブ）
　放課後児童クラブは、歴史的には1955（昭和30）年代初頭から母親の就労

の増加に伴って、学童保育として自主運営や市区町村の単独補助による事業として全国的に広がった。その後、1998（平成10）年度に施行された改正児童福祉法によって放課後児童健全育成事業として法定化された。しかし、その後も放課後児童クラブに対するニーズは増大し続け、開所日数や時間帯に関する多様化が進んだ。

　その後、子ども・子育て支援法では、地域子ども・子育て支援事業の1つとして位置づけられ、さらなる拡充が図られることになった。これに伴い国は、2014（同26）年、放課後児童健全育成事業の設備及び運営に関する基準を策定し、市町村では放課後児童健全育成事業の設備及び運営に関する基準条例を策定することとなった。国による基準では、放課後児童クラブの対象年齢と運営内容は「小学校に就学している児童であって、その保護者が労働等により昼間家庭にいないものにつき、家庭、地域等との連携の下、発達段階に応じた主体的な遊びや生活が可能となるよう、当該児童の自主性、社会性及び創造性の向上、基本的な生活習慣の確立を図り、もって当該児童の健全な育成を図ることを目的として行わなければならない」とされた。

　そして、2015（平成27）年には、放課後児童健全育成事業実施要綱と放課後児童クラブ運営指針が定められた。それらにより、これまで統一的な基準が示されてこなかった放課後児童クラブの規模、職員体制、施設・設備や運営内容等について一定の基準が示された。

　共働き家庭の増加を背景として放課後児童クラブの利用ニーズは高まっており待機児童が生じている。保育所と同様に受け皿の拡大と人材確保、そして放課後児童クラブの質の担保が大きな課題となっている。

　一方で、2007（同19）年に「放課後子どもプラン」が策定され、放課後児童健全育成事業と文部科学省が所管する放課後子ども教室（すべての子どもを対象として学習支援や多様なプログラムを実施する）の一体化、あるいは連携して実施することを意図した総合的な放課後対策が進められてきた。そしてさらに2014（同26）年には新たな「放課後子ども総合プラン」が策定され、「全ての児童の安全・安心な居場所を確保するため、同一の小学校内等で両事業を実施し、共働き家庭等の児童を含めた全ての児童が放課後子供教室の活動プログラムに参加できるもの」を「一体型」として、この「一体型」を増やしていく方針が示された。2018（同30）年には、「新・放課後子ども総合プラン」が策定され、放課後児童クラブの待機児童の解消、「一体型」の推進が図られている。

　まずは、それぞれの自治体が幅広い放課後対策という視点から、自治体の特徴に応じた豊かな子どもたちの放課後を構想する必要があるだろう。

(3)　地域組織活動

　子どもの健全な育成を図るためには、地域住民の積極的参加による地域活動も重要である。これらの地域活動としては、子ども会等の集団活動と、母親クラブやNPO等による育成活動がある。

　子ども会は、小地域のすべての子どもが健全に育成されることを目標とするもので、近隣に住む子どもの遊びの集団として組織化したものである。

　母親クラブ等の地域組織は、親子や世代間交流、文化活動、事故防止のための活動、児童養育に関する研修活動などを通し、地域における児童健全育成に取り組んでいる。

3．健全育成の課題

　子ども・若者を取り巻く現実は非常に厳しいものがある。

　2000（平成12）年代以降、ニートと呼ばれる若者無業者やフリーターと呼ばれる契約社員・派遣社員・アルバイトなどの非正規雇用で生計をたてている若年者の数が増加し、それに伴う経済的格差の拡大や世代を超えた固定化が指摘されている。

　こうした状況に対して、内閣府を中心とし2008（同20）年12月「青少年対策大綱」が策定されるなど対策が講じられてきたが、その後もニートやひきこもり、不登校、いじめ、子ども虐待など、多くの問題が引き続き存在している。そして2009（同21）年7月には、「子ども・若者育成支援推進法」が成立し、子ども・若者育成支援施策の推進を図るための大綱が策定され、おおむね5年ごとに見直されている。これまで「子ども・若者ビジョン」（2010年）、「子供・若者育成支援推進大綱」（2016年、2021年）が策定されてきた。2021（令和3）年の大綱の副題は、「全ての子供・若者が自らの居場所を得て、成長・活躍できる社会を目指して」であり、多様な居場所づくりと教育、福祉、保健、医療、雇用、矯正・更生保護等、分野横断的な支援体制の整備が図られている。

　また、「子どもの貧困」の問題は深刻であり、生活保護世帯の子どもの健全育成支援事業が2009（同21）年より開始され、民間の支援団体等と協働して学習支援や親への養育相談等が一部の自治体で取り組まれはじめた。2013（同25）年6月に成立した「子どもの貧困対策の推進に関する法律」（2019年一部改正）に基づく子どもの貧困問題に対する取り組みを中心に、今後のさらなる拡充が望まれる。

　子どもの問題は子育て家族の問題である。そして子どもやその家族をめぐ

るさまざまな問題状況は社会全体の影響を強く受けており、大人社会の問題ともいえる。子どもの健やかな育ちを考えたときに、親のワーク・ライフ・バランスの調和がとれた働き方や仕事と子育ての両立などは実現すべき喫緊の課題であり、健やかに子どもを生み育てる環境をつくっていくことが健全育成の最大の課題である。

4　母子保健

1．母子保健の意味

　母子保健は、1965（昭和40）年に成立した母子保健法を中心とし、その他児童福祉法等により実施されている。母子保健法では、「母性の尊重」と「乳幼児の健康の保持増進」が基本理念とされている。妊産婦と乳幼児、子どもの保護者を対象として、広く「母性」および乳幼児の健康の保持および増進を図ることを目的として、保健指導や健康診査を中心に展開されてきた。その結果、日本の母子保健の水準は世界でもトップレベルのものとなったが、一方で、母子保健の分野においても、子どもが健やかに生まれ育つための環境づくりの推進のため、核家族化や都市化、女性のライフスタイルの多様化などの環境の変化に対応した母子保健の課題が生じてきている。

　1997（平成9）年からそれまで都道府県・指定都市および保健所を設置する政令市の業務であった妊産婦・乳幼児ならびに3歳児健康診査、妊産婦・新生児の訪問指導が市町村に委譲され、母子保健における市町村の役割が一層強化された。これにより住民に身近な市町村単位での、よりきめ細かな「親育ち支援」としての母子保健の展開が期待される。

　以下、主な母子保健施策を概観する。

2．母子保健にかかわる施策

(1)　健康診査等
妊産婦および乳幼児の健康診査
　母子保健法に基づく妊娠から出産までの妊婦検診に対しては、各自治体により仕組みや方法は異なるものの公費負担がなされている。乳幼児健康診査について市町村は、満1歳6か月を超え満2歳に達しない幼児と満3歳を超

え満4歳に達しない幼児に対し、健康診査を行わなければならないと規定されている。

　1歳6か月児健診では、心身障害の早期発見、虫歯の予防、栄養状態などに重点がおかれ、3歳児健診では身体の発育、精神発達面および斜視、難聴などの視聴覚障害の早期発見が目的とされる。また、これらの健康診査時には、保護者への栄養指導、育児指導なども行われる。

新生児訪問指導等

　新生児訪問指導は、主に新生児の発育、栄養、生活環境、疾病予防など母子保健の観点から育児上必要があると認められた際に、保健師や助産師が訪問し必要な指導を行う母子保健法に定められた事業である。また、児童福祉法で規定されている乳児家庭全戸訪問事業（こんにちは赤ちゃん事業）[6]では、生後4か月を迎えるまでの乳児のいるすべての家庭に、保健師・助産師等が訪問し、子育て支援に関する情報提供や養育環境等の把握を行い、必要なサービス提供に結びつけるなどの対応を行っている。

※6　子ども・子育て支援新制度では、「地域子ども・子育て支援事業」の1つとして実施されている。

(2)　保健指導等

　母子保健法により、妊娠した者は診断を受けた上で市町村長に妊娠の届出をすることになっており、これに対して母子健康手帳が交付される。この妊娠の届出は、妊婦を行政的に把握し、妊婦から乳幼児へと一貫した母子保健施策を実施するための出発点として重要なものである。

(3)　療養援護等

妊娠中毒症等の療養の援護

　妊娠中毒症や妊産婦の糖尿病、貧血、産科出血、心疾患等の合併症は、妊産婦死亡や周産期死亡の原因となる他、未熟児や心身障害などの発生原因となる場合がある。このため、訪問指導の他、入院して治療する必要がある特に低所得層の妊産婦に対して、早期に適正な治療を受けさせるための医療援護が行われている。

未熟児養育医療

　出生時の体重が2,500g未満の新生児は低出生体重児として届け出ることが母子保健法で義務づけられている。この届出によって訪問指導や指定養育医療機関への入院等の事後指導が行われている。また、入院を必要とする未熟児に対して、養育医療の給付も行われている。

小児慢性特定疾病対策や子どもの心の健康支援等

　子どもの慢性的な疾病の治療の確立・普及や患者家庭の医療費の負担軽減

に資するため、小児がんなど特定の疾病について、医療費の自己負担分を補助する小児慢性特定疾患治療研究事業を実施している。

また、被虐待児の心のケアや発達障害などさまざまな子どもの心の問題に対応するため、都道府県域における拠点病院を中核とし、地域の医療機関や保健福祉機関等と連携した支援体制の構築を図るため、「子どもの心の診療ネットワーク事業」を実施している。

2014（平成26）年には「難病の患者に対する医療等に関する法律」の成立に伴い、児童福祉法が改正された。その中で小児慢性特定疾病医療支援の規定等が追加され、小児慢性特定疾病の子どもに対する支援の充実が図られることになった。

⑷　不妊に悩む方への支援

不妊症の検査・治療等に関する医学的・専門的な相談や不妊による心の悩みの相談などを行う「不妊専門相談センター事業」（都道府県・指定都市・中核市設置）や、経済的負担の大きい体外受精および顕微授精について、年齢や回数の制限はあるものの2022（令和4）年から保険適用されることとなった。

⑸　子育て世代包括支援センターの法定化

2016（平成28）年、児童福祉法等の一部を改正する法律において、市町村における子育て世代包括支援センター（母子保健法上は母子健康包括支援センターという。以下、センター）の設置が努力義務とされた。さらに、市町村に児童等に対する必要な支援を行うための拠点整備（子ども家庭総合支援拠点）に努めることが課せられ、各々設置が進められてきた。

しかし、母子保健と児童福祉の連携・協働、情報の共有等がなされにくく、効率的かつ効果的に連携・協働を図ることができる環境の整備が必要との認識（社会保障審議会児童部会社会的養護専門委員会報告書2021）により、2022（令和4）年に成立した改正児童福祉法において、2024（同6）年4月以降をめざし、「こども家庭センター」設置の努力義務が盛り込まれた。

3．母子保健の課題

エンゼルプランにおいては重点施策の1つとして、「安心して子どもを生み育てることができる母子保健医療体制の充実」が謳われていたが、これは新エンゼルプラン、子ども・子育て応援プラン、子ども・子育てビジョンにも引き継がれ、周産期医療ネットワークの整備、不妊専門相談センターの整

備等として盛り込まれている。

　2000（平成12）年11月に厚生省（当時）から「健やか親子21検討会報告書」が出された。これは、21世紀の母子保健の主要な取り組みを提示し、関係者、関係機関、団体が一体となって推進する国民運動計画である。21世紀に向けた母子保健の取り組みの方向性や目標値が設定されているが、取り組むべき主要な課題として、①思春期の保健対策の強化と健康教育の推進、②妊娠・出産に関する安全性と快適さの確保と不妊への支援、③小児保健医療水準を維持・向上させるための環境整備、④子どもの心の安らかな発達の促進と育児不安の軽減の４点が掲げられている。これらは「健やか親子21」として、2001（平成13）年度から2014（同26）年度にかけて、母子保健の国民運動として取り組まれた。その間、検討会などの議論を経て「健やか親子21（第２次）」が策定された。2015（同27）年度から始まった第２次計画では「すべての子どもが健やかに育つ社会」の10年後の実現に向けて、①切れ目ない妊産婦・乳幼児への保健対策、②学童期・思春期から成人に向けた保健対策、③子どもの健やかな成長を見守り育む地域づくりの３つの基盤課題と、①育てにくさを感じる親に寄り添う支援、②妊娠期からの児童虐待防止対策の２つの重点課題が設定されている。

　また、多発している子ども虐待の予防という視点から考えると、母子保健の分野では、妊娠の届出や健診、予防接種、保健師訪問など、子育ての状況が把握しやすいという利点がある。これを生かし、虐待の１次予防活動としての早期援助体制を整えていくことが今後重要となるであろう。子どもの成長発達を見守るだけではなく、親の育児不安や負担をどう軽減するかという視点での事業の組み立てや運営が求められている。

5　子育て支援と健全育成の今後

　これまで、子育て支援と育成環境にかかわる各種施策を中心にみてきたが、これらの施策を実効性のあるものとしていくには、さまざまな分野が緊密な連携をとって支援の網の目を張り巡らせていくことが重要であろう。

　2023（令和５）年４月に発足したこども家庭庁は、妊娠・出産支援や就学前の子どもの育ちの保障、児童虐待防止対策、子どもの貧困対策、ひとり親家庭の支援などにあたることとなった。

　子ども政策を巡っては省庁の縦割りの弊害が指摘されてきたが、今後は基

礎自治体における子ども家庭福祉と母子保健、医療、教育分野等も含めた具体的連携活動が望まれる。さらに保育所、子育て支援センターをはじめとして、児童館、各種児童福祉施設、保健センター、行政機関、学校、病院など地域の社会資源をお互いに有効に機能させていくようなシステムづくりが求められているといえよう。その際には、「子どもの最善の利益」を中心にすえ、進めていく必要がある。今回、移管が見送られた教育分野との連携は極めて重要である。

　また、特に子ども家庭福祉、母子保健分野での子育て支援とは、制度・施策が充実してもサービスの実際の提供者である保育士をはじめとする専門職のあり方が大きな鍵を握っているといっても過言ではない。育児不安は、助言や他の母親と育児の悩みを共有できる場の提供だけで解消できるものではなく、保育士をはじめとする専門職との個人的な関係を基盤とした援助が効果的な場合もある。また、具体的な問題を抱えても、自分から援助を求めることができない人も少なくない。このようなことからも、保育士をはじめ支援するスタッフの側に母親の危機のサインに気づく能力や、援助技術・カウンセリング等の知識やトレーニングが求められている。

〈引用・参考文献〉
厚生労働省社会保障審議会児童部会社会的養育専門委員会「報告書」2021年
内閣府『令和4年版　少子化社会対策白書』2022年
内閣府『平成22年版　少子化社会対策白書』2010年

コラム　男も女も、仕事も家庭も～オランダのコンビネーション・シナリオ～

　「コンビネーション・シナリオ」とは、オランダで展開されている新しい共働きの形である。妻子をもつ男性の単独稼動を念頭においた従来の「生計維持労働者モデル」から、性別にとらわれない共働きのモデルとして考案された「1.5稼動者モデル」をいう。

　オランダ政府は、フルタイム就労とパートタイム就労の就労時間による雇用条件や社会的保護の格差をできるだけなくす方針を打ち出し、徐々に法制化してきた。共働きというと夫婦二人がフルタイムで働いて「2.0稼動」と考えられるが、それを1.5にし、残りの0.5を家事・育児、ボランティア等のための時間にしようというものである。「1.5」の比率は、男性が1（フルタイム）で女性が0.5（パートタイム）でもいいし、逆に男性が0.5（パートタイム）で女性が1（フルタイム）でもいい。あるいは男女双方が0.75（パートタイム）ずつであってもいいというモデルである。

　このモデルが考案された背景として、オランダは失業率が高く、失業率を抑制して経済効果を上げるという目的があった。また、家事・育児といった家庭内役割を女性のものとする風潮も根強く、女性にとってパートタイムの方が受け入れられやすかったという事情もある。が、このモデルの基本的考え方は、男女とも経済的に自立する（労働市場へ参加する）ことが必要であるとともに、親には自分の子どもを家庭で育てる権利があるということである。この就労政策は、主に働き方（労働時間、労働パターン）の多様化により社会全体で子育てのコストを支払おうとするものであり、注目を集めている。

第11章

▶ ▶ ▶ ▶子ども家庭福祉の専門職と専門技術◀ ◀ ◀ ◀

キーポイント

　　2022（令和4）年に児童福祉法等の一部を改正する法律が提示された。改正の大きな方向性として、特にこの章に関連する事柄には、子ども家庭福祉の実務者の専門性向上が示され、サービスを提供する職員の資質や専門性が問われている。

　　そこで、本章では子ども家庭福祉の専門職種、資格と資格要件、周辺関係職種、保育士養成の課題と子ども家庭福祉の専門職に求められている知識と技術、地域のなかでの実践の視点（相談・支援）などを学習する。

1　子ども家庭福祉にかかわる専門職

1．子ども家庭福祉の専門職種・資格と資格要件

⑴　子ども家庭福祉職員の専門性とは

　子ども家庭福祉分野の施設や機関等には、専門の資格をもち働く職員がいる。児童福祉法等の改正がなされるなか、これら職員には、家庭における養育能力低下、児童虐待、非行の低年齢化、不登校、いじめ、学級崩壊等、社会問題に対応できる高度な専門性がますます要求されるようになり、社会問題に対応できるよう知識、技術、能力を十分に発揮し、子どもの心身ともに健やかな発達保障を行い環境調整等、社会適応を促す支援が職務内容に含まれてきている。つまり、子どもの身体的心理的な理解と社会的支援に向けた幅広い専門的知識と熟練技術に基づいた実践こそが必要とされているのである。

　子ども家庭福祉の専門職は、まず子どもの権利擁護を行い、最低生活の保障、自立支援、保護育成の援助を行うことが重要な職務となるが、その専門性について考えてみたい。

　1989年、第44回国際連合総会において子どもの権利条約（児童の権利に関す

る条約）が採択され、わが国では1994（平成16）年に批准された。ここで示された「子どもの最善の利益」の保障には、自己の意思をうまく表明できない子どもの権利を保障していくことも含まれている。これは、どのような子どもでも子どもが訴える出来事や思いを真剣に受け止め、聞き入れることにある。ただし、子どもは自分の意見を表明することすらできない状況下におかれる場合がある。2022（令和４）年の児童福祉法の一部改正においても、児童の意見聴取等の仕組みの整備が示された。児童相談所は入所措置や一時保護の際、児童の最善の利益を考慮しつつ児童の意見を勘案して措置を行うため、児童の意見を聴取する旨が明示された。

　子ども家庭福祉の専門職の役割には、子どもが意見表明できる環境づくりを行い、子どものニーズを的確に読み取り、子どもの意見を代弁していくことが含まれる。１つ目の専門性は、このように子どもの最善の利益や権利を最優先に考える価値観をもつことである。

　また２つ目には職業倫理があげられる。これは人権の尊重であり、どのような人であってもその人の存在を肯定し尊重することで公平公正に対応することや対等な援助関係をつくること、また価値観、信条についても非審判的な態度で接していく姿勢をもつことである。

　さらに３つ目には、プライバシー保護と守秘義務がある。話した内容については秘密をまもることが必要である。この３つの専門性をふまえた上で職務にあたることが求められる。

　子ども家庭福祉の専門職は、国、地方公共団体等行政機関や児童福祉施設、また社会福祉協議会、民間団体等に所属し職務を遂行している。

　これらの所属する機関、職務内容等により異なっているが、資格には国家資格、児童福祉法関係法令規定による任用資格がある。現状においては専門職制度として体系的な資格制度にはなっていない。

　国家資格としては、1987（昭和62）年に「社会福祉士及び介護福祉士法」が制定され、社会福祉士、介護福祉士は福祉分野で初めての国家資格となった。また、2000（平成12）年５月に公布された「児童虐待の防止等に関する法律」に関連し、児童福祉法のなかで相談所の所長および児童福祉司の資格要件に社会福祉士が加えられた。これからの子ども家庭福祉専門職の専門性にソーシャルワークがより求められている表れである。

子ども家庭福祉の専門性とは

> ① 子どもの最善の利益や権利を最優先に考える価値観
> ② 公正公平な対応、対等な関係、非審判的態度などの職業倫理
> ③ プライバシー保護と守秘義務

(2) 児童相談所の専門職

　児童相談所には地方公務員である所長および所員を置くとし、所長は都道府県知事の監督を受けて全体を統括し、所員は所長の監督を受け、相談や措置などの事務、心理的援助、一時保護などの業務を行っている。

　つまり持ち込まれた相談に応じて、子ども・保護者（親）のニーズに合った支援サービスを行う高度な専門性が必要とされる。所長、所員それぞれの要件は以下の通りである。

所　長

　所長は、①医師であり、精神保健に関して学識経験を有する者、②学校教育法に基づく大学、旧大学令に基づく大学において心理学を専修する学科またはこれに相当する課程を修めて卒業した者、③社会福祉士、④精神保健福祉士、⑤公認心理師、⑥２年以上児童福祉司として勤務した者または児童福祉司の資格を得た後２年以上所員として勤務した者、⑦前述に準じた者であり、所長として必要な学識経験を有する者のいずれかに該当することが要件となる。

　児童相談所長は、内閣総理大臣が定める基準に適合する研修を受けなければならない。

児童福祉司

　都道府県は、児童相談所に①都道府県知事の指定する児童福祉司もしくは児童福祉施設の職員を養成する学校その他の施設を卒業し、または都道府県知事の指定する講習会の課程を修了した者、②学校教育法に基づく大学または旧大学令に基づく大学において、心理学、教育学もしくは社会学を専修する学科またはこれらに相当する課程を修めて卒業した者で、内閣府で定める施設において１年以上子ども等の福祉に関する相談等の業務に従事した者、③医師、④社会福祉士、⑤精神保健福祉士、⑥公認心理師、⑦社会福祉主事として、２年以上児童福祉事業に従事した者、⑧前述に準ずる者であって、児童福祉司として必要な学識経験を有する者とのいずれかに該当する者のなかから任用した児童の福祉に関する事務をつかさどる者（児童福祉司）を置かなければならないとしている[1]。

※1　2022（令和４）年の児童福祉法改正では、子ども家庭福祉の実務者の専門性の向上があげられ、特に児童虐待を受けた児童の保護等の専門性の向上として、専門的な対応を要する事項について十分な知識・技術を有する者を新たに児童福祉司の任用要件に追加することとなった。子ども家庭福祉の実務経験者向けの認定資格を導入する組織および資格については、国家資格を含め、施行２年後を目途として検討することとなった。

児童福祉司は、児童相談所長の命を受けて、児童の保護その他児童の福祉に関する事項について、相談に応じ、専門的技術に基づいて必要な指導を行うなど、児童の福祉増進に努める。また、児童相談所長が定める担当区域で前述の職務を行い、担当区域内の市町村長に協力を求めることができる。

2016（平成28）年度児童福祉法等の改正により、児童相談所の体制強化として、児童福祉司をおおむね５年以上勤務した者を「スーパーバイザー」として配置し、児童福祉司が職務を行うため必要な専門的技術に関する指導および教育を行うことになった。またこのスーパービジョンを受けることで解決策を見いだすことにもつながり、大きな役割になる。また児童福祉司（スーパーバイザー）は内閣総理大臣が定める基準に適合する研修を受けることが含まれ質の向上にむけた支援と考えることができる。

児童心理司

児童心理司とは、子どもや保護者等の相談に応じて、診断面接や心理検査、観察を行う他、子どもや保護者に対して心理診断を行う。また、子ども、保護者、関係者等に対して心理療法、カウンセリング、助言指導等の指導も行う。資格要件に関しては①大学等で心理学を専修する学科またはこれに準ずる課程を修めて卒業した者、②前述に準ずる資格を有する者のいずれかに該当することが要件となる。

心理療法担当職員

心理療法担当職員は、児童や保護者等で病理的パーソナリティの人たちを対象とし、心理療法、カウンセリング等の指導を行う。大学の学部で心理学を修め学士と称することを得る者であって、個人および集団心理療法の技術を有し、かつ心理療法に関する１年以上の経験を有するものが望ましいとされる。

保健師

保健師助産師看護師法に規定されている専門職であり、公衆衛生および予防医学的知識の普及や育児相談、１歳６か月児および３歳児精神発達精密健康診査における保健指導等、障害児や被虐待児童およびその家族等に対する在宅指導等の援助を行う。1994（平成６）年、男性にも資格が認められ（保健士）、2001（同13）年に「保健師」と名称が統一された※2。

一時保護する施設の職員

児童相談所長は、必要があると認めるときは、児童福祉法第26条第１項の措置をとるに至るまで、子どもに一時保護を加え、または適当な者に委託して、一時保護を加えさせることができるとしている。

一時保護を委託された施設では、児童養護施設の最低基準を準用した職員

※2　従来は「保健婦助産婦看護婦法」であったが、2001（平成13）年12月12日法律第153号「保健婦助産婦看護婦法の一部を改正する法律」（厚生労働省）により「保健婦」「助産婦」「看護婦」がそれぞれ「保健師」「助産師」「看護師」と名称が改められ、法律名も「保健師助産師看護師法」と改められた。

表11-1 規模別職員構成の標準

規模	職　　　員
B級	所長、各部門の長の他、指導及び教育を行う児童福祉司（児童福祉司スーパーバイザー）、児童福祉司、相談員、精神科を専門とする医師（嘱託可）、小児科専門の医師（嘱託可）、保健師、指導及び教育を行う児童心理司（児童心理司スーパーバイザー）、児童心理司、心理療法担当職員、弁護士（これに準ずる措置も可）、その他必要とする職員
A級	B級に定める職員の他、次長、理学療法士等（言語治療担当職員を含む）、臨床検査技師

の配置があり、児童指導員、嘱託医、保育士、栄養士および調理員を置くことが定められている。

その他の専門職

　児童相談所は設置される地方公共団体の人口規模によりA級、B級に分けられ、それぞれ職員構成の標準が異なる。人口150万人以上の地方公共団体の中央児童相談所はA級、150万人未満の中央児童相談所はB級を標準とする（表11-1）。

　児童相談所組織は、総務部門、相談・判定・指導・措置部門、一時保護部門の3部門で構成されていることが標準となる。

(3)　福祉事務所の専門職

社会福祉主事

　社会福祉法に基づき、都道府県、市（特別区を含む）および福祉に関する事務所を設置する町村（未設置の町村は任意）に社会福祉主事を置くことが規定されている。職務内容は、生活保護法、児童福祉法、母子及び父子並びに寡婦福祉法、知的障害者福祉法（市町村に限る）、老人福祉法（市町村に限る）、身体障害者福祉法（市町村に限る）に定める援護、育成または更生の措置に関する事務を行うことである。

　社会福祉主事は、地方公務員である職員とし、18歳以上の者であって人格が高潔で、思慮が円熟し、社会福祉の増進に熱意があり、かつ、①学校教育法に基づく大学、旧大学令に基づく大学、旧高等学校令に基づく高等学校または旧専門学校令に基づく専門学校において、厚生労働大臣の指定する社会福祉に関する科目を修めて卒業した者、②都道府県知事の指定する養成機関または講習会の課程を修了した者、③社会福祉士、④厚生労働大臣の指定する社会福祉事業従事者試験に合格した者、⑤前述に掲げる者と同等以上の能力を有すると認められる者として厚生労働省令で定めるもののいずれかに該

当するもののうちから任用しなければならない。

母子・父子自立支援員

母子・父子家庭あるいは寡婦を対象に相談指導を行う。生活の安定と向上のために、母子及び父子並びに寡婦福祉法を中心としたひとり親および寡婦の身の上相談に応じる他、ひとり親の職業能力の向上と求職活動に関する支援を担うこととされている。

家庭相談員

福祉事務所の家庭児童福祉に関する相談指導業務を充実強化するために設置された、家庭児童相談室に配置されている職員である。

家庭相談員は「都道府県又は市町村の非常勤職員」として任用され、「家庭児童福祉の業務に従事する社会福祉主事」と連携しながら、「家庭児童福祉に関する専門技術を必要とする相談業務を行う」とされている。資格取得に関しては、人格円満で、社会的信望があり、健康で、家庭児童福祉の増進に熱意をもち、かつ、①大学で児童福祉、社会福祉、児童学、心理学、教育学もしくは社会学を修めて卒業した者、②医師、③社会福祉主事として2年以上児童福祉事業に従事した者、④学識経験者のうちいずれかに該当することが条件となる。

(4)　児童福祉施設の専門職

児童福祉施設の職員の配置基準や資格要件等は、児童福祉施設の設備及び運営に関する基準に定められている。児童福祉施設職員は、一般要件として「健全な心身を有し、豊かな人間性と倫理観を備え、児童福祉事業に熱意のある者であつて、できる限り児童福祉事業の理論及び実際について訓練を受けた者でなければならない」（同基準第7条）としている。

実際の子どもへの援助については、保育士、保育教諭、児童指導員、児童自立支援専門員、児童生活支援員が携わっている。

保育士

保育士の資格取得は①都道府県知事の指定を受けた保育士養成学校や保育士養成所を卒業すること、②都道府県知事の実施する保育士試験に合格することである。

保育士の職務は、保育所、児童養護施設等の児童福祉施設において、生活場面での援助の中心的役割を担っている。また保育士には、利用者等の多様なニーズに伴い、乳児の保育とともに、児童の生活指導や学習指導を含め、障害児の療育訓練等、地域の一般家庭からの相談等の対応も求められている。

なお保育士資格は、これまで政令によって定められていた資格であったが、

2001（平成13）年11月の「児童福祉法の一部を改正する法律」により法定化された。これにより、保育士でない者が保育士を名乗ることを禁止したり、守秘義務や信用失墜行為の禁止について規定が設けられ、保育士の質の向上を図ることとなった。この改正法の2003（同15）年11月の施行を機に、全国社会福祉協議会・全国保育協議会・全国保育士会により全国保育士会倫理綱領が定められた。これには、子どもの最善の利益の尊重や子どもの発達保障、専門職としての責務などが謳われている。

保育教諭

2015（平成27）年度から児童福祉施設に位置づけられた「幼保連携型認定こども園」には、保育教諭が置かれる。その職務は園児の保育および教育をつかさどることである。

保育教諭の資格取得は、①幼稚園の教諭の普通免許状を有し、かつ②保育士の登録を受けた者でなければならないとされている。

児童指導員

児童指導員の職務は児童福祉施設（障害児入所施設、児童発達支援センター、児童心理治療施設等）における児童の生活指導や学習指導、直接援助技術であるケースワーク、グループワークまた就労指導等の自立支援等の他、地域や家族の問題調整等を行うことである。資格要件として①都道府県知事の指定する養成学校や養成施設を卒業した者、②社会福祉士となる資格を有する者、③精神保健福祉士となる資格を有する者、④大学で社会福祉学、心理学、教育学、社会学を専修する学科または課程を修めて卒業した者、⑤大学で社会福祉学、心理学、教育学、社会学に関する科目を優秀な成績で修得したことにより、大学院への入学を認められた者、⑥大学院において、社会福祉学、心理学、教育学、社会学を専攻する研究科または課程を修めて卒業した者、⑦外国の大学において、社会福祉学、心理学、教育学、社会学を専修する学科または課程を修めて卒業した者、⑧高等学校等卒業後、2年以上児童福祉事業に従事した者、⑨教員免許を有する者（幼稚園、小学校、中学校、高等学校）で、都道府県知事が認めた者、⑩3年以上児童福祉事業に従事し、都道府県知事が認めた者のいずれかに該当することである。

児童自立支援専門員・児童生活支援員

児童自立支援専門員の職務は、児童自立支援施設で児童の自立支援を行うことである。最近の社会状況として、非行の低年齢化、凶悪化に伴い指導の必要性が重視される。資格取得は、①医師であって、精神保健に関して学識経験を有する者、②社会福祉士となる資格を有する者、③都道府県知事の指定する養成学校や養成施設を卒業した者、④大学で社会福祉学、心理学、教

育学、社会学を専修する学科もしくは課程を修め、1年以上児童自立支援事業に従事した者または、児童福祉司として児童福祉事業、社会福祉主事として社会福祉事業に従事した期間、および社会福祉施設の職員として勤務した期間の合計が2年以上である者、⑤大学院で社会福祉学、心理学、教育学、社会学を専攻する研究科もしくは課程を修めて卒業し、1年以上児童自立支援事業に従事した者または、児童福祉司として児童福祉事業、社会福祉主事として社会福祉事業に従事した期間、および社会福祉施設の職員として勤務した期間の合計が2年以上である者、⑥外国の大学において、社会福祉学、心理学、教育学、社会学を専修する学科もしくは課程を修めて卒業し、1年以上児童自立支援事業に従事した者または、児童福祉司として児童福祉事業、社会福祉主事として従事した期間、および社会福祉施設の職員として勤務した期間の合計が2年以上である者、⑦高等学校卒業後、3年以上児童自立支援事業に従事した者または、児童福祉司として児童福祉事業、社会福祉主事として社会福祉事業に従事した期間、および社会福祉施設の職員として勤務した期間の合計が5年以上である者、⑧教員免許を有する者（小学校、中学校、高等学校）で、1年以上児童自立支援事業に従事した者または2年以上教員としてその職務に従事した者のいずれかに該当することである。

　児童生活支援員の職務は、児童自立支援施設において児童の日常生活の支援を行うことである。資格取得は、①保育士の資格を有する者、②社会福祉士の資格を有する者、③3年以上児童自立支援事業に従事した者のいずれかに該当することである。

(5)　保育士養成と課題

　2017（平成29）年12月に保育士養成課程等検討会が開催された。この見直しで児童家庭福祉は子ども家庭福祉と名称が変わった。この見直しについては保育士養成とあわせて日本の社会情勢の変化に沿った内容に関連している。1つ目は2015（同27）年4月「子ども・子育て支援新制度」の施行と合わせて2017（同29）年度における1・2歳児保育所等利用率が45.7％に増加したことを受けた乳児保育の充実があげられる。2つ目には幼児教育を行う施設内の保育実践で、養護の視点を踏まえた実践力の向上が問われたからである。3つ目には2022（令和4）年度の子ども虐待相談件数が21万9,170件に達したことを受け、子どもの虐待問題の防止にむけた子どもの育ちや家庭への支援の充実があげられる。4つ目には社会的養護や障害児保育の充実で、個々の子どもの状況に即した配慮と支援である保育者として専門性の資質や向上が含まれたといえる。子ども家庭福祉に関しては、子育て家庭への親支援を含

めた子ども家庭支援の基本となる意義や役割を明らかにし、事例検討を行う
など実践力を生かした応用と支援を確実に提供して保育現場に送り出すこと
が課題といえよう。

2．周辺関係職種

(1)　司法分野について
家庭裁判所
　家庭裁判所は、裁判所法に定める下級裁判所で、夫婦、親子その他家庭、
親族、身分に関する問題や紛争を扱う家事事件（家事審判部）と、罪を犯した、
あるいは犯すおそれのある未成年者に対して性格の矯正および環境の調整に
関する保護処分を行う少年事件（少年審判部）を専門的に扱う機関である。
　家事審判部の職務は家事調整事項、家事審判事項の2つに区別される。家
事調整事項とは一般的な家庭を対象とした事柄である。家事審判事項の職務
は国の公権力で事件を処理するもので、養子縁組許可、親権喪失宣言、後見
人等選任、解任、辞任許可等、子どもの監護指定、親権者指定、変更を含め、
親権者が子どもの施設入所同意拒否時の承認、離婚養育費等の決定がある。
　少年審判部は、14歳以上の非行少年にかかわる保護事件担当処理を行って
いる。少年法改正に伴い、2001（平成13）年4月より刑罰対象年齢を16歳か
ら14歳まで引き下げることになった。また16歳以上の殺人等の場合、家庭裁
判所から検察官送致になり、成人同様の刑事裁判を受けさせることになった。
　これらの職務にあたるのは裁判官（家事審判官）、調査官で、調査官は少年、
保護者、関係者等に審判上必要な情報収集、調査を行い、関係する処分への
意見を述べる。裁判官（家事審判官）は当事者や関係者から事情を聞いて、必
要な事実を調査官に調査させ、場合によっては参与員の意見を聞き適切な処
分、決定を下す。調査官は弁護士、学者、調停委員などが担当する。児童に
関係する場合は保護処分が多く、児童相談所に判断を委ねることもある。
少年鑑別所
　少年鑑別所は少年院法に基づき設置された法務大臣所管の国立施設である。
家庭裁判所の行う少年の調査および診査並びにその後の保護処分の執行に役
立てるため、医学、心理学、教育学、社会学などの専門知識に基づいて少年
の資質の鑑別を行う法務省管轄機関である。職員として鑑別技師、医務技官、
精神科医、心理学専攻者があげられる。

（2）　警　察

警察と子ども家庭福祉のかかわり

身体および財産保護、犯罪予防等を含め、個人の生命をまもる治安を含めた業務を行う。また、子どもの非行、ならびに健全育成、さらに福祉に関係した活動も行っている。被虐待児の通告、棄児、迷子、少年補導、非行防止活動や電話による相談活動（ヤングテレホン）がある。

2000（平成12）年に「児童虐待の防止等に関する法律」が規定され、そのなかでも「児童の安全の確認、一時保護、また立ち入りおよび調査、または質問をする時は、警察官の援助を求めることができる」と規定された。つまり、保護者等によって加害行為を受ける予測がつく場合や現在子ども虐待が行われている可能性がある場合など、児童相談所だけでは適切な対応がとれない場合に警察官の援助を受け、対応していくことがこれからの職務内容に含まれたのである。

2008（同20）年の改正によって、虐待を受ける恐れがある子どもの安全確認や身柄確保を行うために、裁判所からの許可状を得た上で、児童相談所は強制的に当該児童の住所または居所に立ち入りができるようになった。また保護者による子どもに対するつきまといや俳徊などは罰則つきの禁止となり、制限が強化された。これにより従来救えなかった子どもが救えるようになった。また、子どもの権利擁護が明記されたといえよう。

少年補導センター、少年センター、青少年相談センター

地方公共団体などが条例で設置しており、警察、教育関係者、青少年対策関係職員、民間関係団体、ボランティア等で構成されている。職務として街頭補導、少年相談、有害環境浄化等がある。

（3）　教育分野について

1979（昭和54）年、養護学校（現・特別支援学校）教育義務化後、義務教育就学の猶予免除対象者は減った。また、1997（平成9）年、児童福祉法改正により、情緒障害児短期治療施設（現・児童心理治療施設）、児童自立支援施設等施設における学校教育の充実が図られるようになった。

幼稚園、保育所は就学前教育、保育の重要な分野である。幼保一元化の流れのなかで「認定こども園」が創設された。一方、障害児統合保育や卒業後の進路に関する課題が出始めている。また社会問題として大きく取り上げられている子ども虐待の問題を含めた対応として、通告義務や保護者への指導を含む、子育て支援の役割として幼稚園、保育所等の果たす役割機能が問われ始めた。

学校問題としても、急増する不登校児童の相談援助や学級そのものが成り立たなくなっている学級崩壊、そしていじめ、非行等を含む問題行動への対応策が検討されるようになっている。

施策の1つに学校教育法施行規則、学校保健法規定で保健室が設置されて、養護教諭が配置されている。児童生徒に直接接することができるため、虐待発見や発達上の問題など、比較的見つけやすい立場でもあり、福祉と学校の連携の上で、非常に大きな役割を果たしている。また、不登校にならないまでも保健室を利用している子どももかなり多い。このことは、養護教諭のいる保健室という存在が、子どもの居場所を保障する上でも欠かせないことを如実に示している。学校の問題としては医師、スクールカウンセラー、心理職と連携をとった対応がこれからさらに必要になっていくであろう。特に児童生徒の心のケアと心身の健全育成、また、さまざまな問題に向けての予防的立場としても重要になるといえよう。養護教諭の職務には①けが、病気になった児童生徒の救急処置と、休養の場の提供、②児童生徒の保健指導、健康相談、③児童生徒の健康問題の情報収集による把握、④疾病予防があげられる。

(4)　医療分野について

医療と子ども家庭福祉とのかかわり

保健および医療に関して、母子保健の立場では周産期の母子健康、乳幼児の障害発見、養育治療、不登校、引きこもり、性の指導等思春期青年期の対応、虐待通告発見、特に保育所、幼稚園、学校等の連携による虐待への対応など、今後医療との連携は重要である。医療法に規定する児童福祉施設として位置づけられるのは、医療型障害児入所施設、児童発達支援センター[※3]、助産施設である。職務の中心は医療職が担当し、医師、看護師、保健師、助産師、理学療法士、作業療法士、言語聴覚士、心理療法士が働いている。

医療と福祉の間に入って調整する職種としては、医療ソーシャルワーカー（MSW）、精神科ソーシャルワーカー（PSW）がある。役割として、入院等の患者が在宅へ復帰するための社会資源の調整をしたり、患者等の不安や心配などの相談、医療・福祉制度の紹介・活用などがある。

保健所、市町村保健センターの専門職

地域保健法で地域保健対策の推進に関する基本指針に、保健所と市町村保健センターの役割が決められている。保健所は保健医療にかかわる施策と社会福祉にかかわる施策を行っている。一方、市町村保健センターにおいては、保健についての知識普及、健康相談、健康診査、保健指導を行う。保健所に配置される主な専門職は①保健師、②精神保健福祉相談員、③栄養士、④医

※3　従来の医療型児童発達支援センターは、2022（令和4）年の児童福祉法改定により、「福祉型」「医療型」を一元化し、「児童発達支援センター」とされた。一元化された「児童発達支援センター」において、対象はすべての障害児となり、支援内容には福祉的支援には肢体不自由児の治療が入り、これまで医療型で行ってきた治療は引き続き実施することになった。

師である。

2　子ども家庭福祉の専門職に求められる知識と技術

1．子ども家庭福祉における援助技術とは

⑴　子ども家庭福祉専門職に求められる知識と技術について

　青少年非行の低年齢化や育児不安、児童虐待、不登校、いじめ、学級崩壊等の子どもや家庭における問題は深刻化しており、このような諸問題に対応するためにも専門性が必要になっているのが現状である。

　特に必要とされる専門性として大きく3つ考えられる。

　第1には知識である。知識は一般の教養とともに、専門的な知識が大切になる。これは個別の問題に対処していく上で応用する基礎となる。例えば学問的な社会学や社会福祉、心理学、医学、法学（法律を含むもの）、介護概論、看護学を基礎に置き、問題解決に向けてその対象に即した援助のために、現状の福祉制度（政策、社会保障を含むもの）、福祉サービスなど地域の資源にどのようなものがあるかなどを知っておく必要がある。

　第2には問題解決に必要な対人援助能力と関係調整能力である。これは、福祉サービスの利用者として、例えば保護者（親）に対して、受容し共感的に理解を示し、総合的に利用者のおかれた状況や背景を理解し、受け止めていくことができる能力が含まれる。

　その場合、援助者の価値観を優先することなく、利用者の価値観を理解しつつ多方面にわたり客観的な視野でとらえることができる能力を持ち合わせることが重要となる。指導的支援ではなく、あくまでも利用者が自らの力で問題解決に至るように支援する、いわば側面的な援助能力をしっかりと理解でき活用することが大切である。

　客観的でありながらも、利用者への共感的理解、人への尊厳を保ちながら接していくことが重要である。場合によっては利用者の表す感情に振り回されてしまうこともある。そこで、職場の上司等によるスーパービジョンを受けられる体制づくりを整えていくことも必要になる。また、家族、近隣、ボランティアなど、サポートできるネットワークを活用して支援していくケアマネジメントの能力もこれから必要となる。

　第3には技術である。これは日常保育としてケアワークの対応が十分にで

きるだけでなく、多様化、複雑化する問題解決に向けて社会福祉援助技術（ソーシャルワーク）を活用し、保育と関連した相談援助ができ、保育相談支援（保護者に対する保育に関する指導）ができる保育士が求められる。

(2) 子ども家庭福祉と相談援助・保育相談支援

　社会福祉法では、第1に福祉サービスの基本理念として、個人の尊厳保持を旨とし、利用者が心身ともに健やかに育成され、能力に応じ自立した日常生活を営むことができるように支援するものとして良質かつ適切なものとしている。そのなかでも相談援助とソーシャルワーク、保育とソーシャルワークを結びつけて支援することが求められてきたといえる。

　第2に地域福祉の推進として、いわゆる地域住民、社会福祉を目的とする事業の経営者、社会福祉に関する活動を行う者は相互に協力し、福祉サービスを必要とする地域住民が地域社会を構成する一員として日常生活を営み、社会、経済、文化などの活動に参加する機会を与えられることを掲げている。地域における保育所の役割、保育と関連する相談機関との協同、多様な専門職との連携、何よりも社会的支援の活用と調整・開発が役割に含まれた。

　第3には、福祉サービスの提供の原則として、社会福祉を目的とする事業を経営する者は利用者の意向を十分に尊重し、保健医療サービス、その他の関連するサービスとの有機的な連携を図るように創意工夫を行いつつ、これを総合的に提供することができるような事業の実施に努めることとしている。

　第4には、福祉サービスの提供体制の確保等に関する国および地方公共団体の責務として、社会福祉を目的とする事業を経営する者と協力し、福祉サービスを提供する体制の確保に関する施策、福祉サービスの適切な利用の推進に関する施策、措置を講じることとなっている。特に子どもの最善の利益と福祉の重視、子どもの成長の喜びの共有等、保護者への支援が必要となっている。

　これらのことは、利用者の主体的な参加を保障していくことを前提におき、相談援助の対象、援助の過程、相談援助の技術、アプローチを行うことができる実践力を身につけることである。総合的な相談援助の実践として、利用者に寄り添った計画を立案し、支援した過程を記録し、評価を振り返ることで、よりその対象者に適した支援を実践していくことである。同時に地域ぐるみの支援体制の活用により、多様な専門職との連携を図り、調整することも必要とされ、これは、虐待防止等の働きかけとしては重要である。

　特に子ども家庭福祉の観点からみていくと、例えば育児不安や育児ノイローゼ等の支援においては、子どもや家庭のニーズに合わせたサービスの提

供が求められる。保育相談の支援は、あくまでも相談援助の対象者に寄り添い行うことである。育児不安の解決に向けた支援では、保護者を孤立させることがないよう配慮する必要もあるため、同じ年齢の子どもをもち育児を行っている母親との仲間づくりや母親同士の語りや励ましができる機会への参加を促すことも有用となる。親の会など地域の社会資源と人材の活用、関係機関などと保護者をつなぐかかわりを率先して行うことも必要となる。

2．保育士に求められるソーシャルワーク

(1)　保育士に求められるソーシャルワークの視点

　今、保育士には直接援助技術である個別援助技術（ケースワーク）、集団援助技術（グループワーク）、さらに間接援助技術である地域援助技術（コミュニティワーク）を総合的に活用する能力が要求されている。特に問題が複雑化している家庭に対しては、個別援助技術（ケースワーク）による生活の問題の把握とともに、子どもや家庭がどのような状況下にあるか、その家庭の生活状況や環境に目を向けて地域援助技術（コミュニティワーク）の手法を用い、地域のなかで対応していくことも必要である。

　ここでは、特に保育士が直接的に使用する個別援助技術（ケースワーク）と集団援助技術（グループワーク）の視点、また、子ども家庭福祉の分野でも必要性が高まっているケアマネジメントについて解説したい。地域援助技術（コミュニティワーク）については、次項の事例の後で連携・ネットワーキングの視点から解説する。

個別援助技術（ケースワーク）

　子ども家庭福祉分野の場合、子どもとともに、保護者への支援を同時に行うことで効果的な支援ができる。ただし、保護者によっては、問題を解決していくことに拒否的な場合や、保育士が具体的にかかわっていくことに抵抗を示す保護者も多い。この場合、抵抗しなければならない状況や否定的な感情をもつ背景への理解、共感的対応を行い、示された感情をしっかりと受け止めることが重要である。

　また、保護者に向き合った際、保護者の対応や感情に不快になることがあるが、何を優先して対応し支援するか、自らの価値観や基準で判断や評価をせず、保育士はかかわっている子どもと保護者の問題解決のための最善の対応策を考えることを忘れてはならない。特に保育士がよいと考えた方向性や価値観を当てはめて支援するのではなく、あくまでも子どもや家庭がよいと考える問題解決に向けて力を発揮できるように支援していくことが必要であ

※4　バーンアウト
　バーンアウトは燃え
尽き症候群といわれ、
仕事に熱心に打ち込ん
でいた人に多くなりや
すい。突然やる気を失
い、無気力状態になっ
てしまうことがある。
対応策として充分な休
養をとることや仕事を
忘れて気分転換できる
環境をもつことが必要
である。

る。ただし、これらは一朝一夕にできるものではない。担当保育士のバーン
アウト※4を防ぐためにも、担当保育士だけに責任を負わせるのではなく、保
育所全体で対応を考え、主任保育士や園長、所長によるスーパーバイズが得
られる体制づくりを整えていくことも必要となる。

集団援助技術（グループワーク）

　保育所、幼稚園がすでに小集団によるグループ活動であり、成長・発達や
社会化を得る場としてとらえていくことが大切である。

　それは、集団（グループ）に所属をしている仲間との出会いがある。仲間
とのかかわりを通じて、感情の交流体験を得られるような活動展開や人を大
切にし理解していくことを得たり、活動をともにすることの満足感や達成感、
仲間に支えられた体験、励まされた体験など、これから将来に向けて社会人
として育っていく人間として、大切な精神的な成長や発達を促す場であると
もいえる。特に遊びが変化し子どもの数が少なくなったなかで、このような
精神的な成長を保障していくことが必要である。これからは精神的な成長や
発達を促せる社会資源としての役割が含まれるであろう。

ケアマネジメント

　ケアマネジメントとは、生活が困難な状態になり援助が必要な利用者が、
その問題を解決するために必要な保健・医療・福祉（地域で自立した生活を過
ごすために必要な住宅サービスを含む）をはじめ、近隣住民、ボランティアなど、
地域のさまざまな社会資源を調整してサービスを提供し、地域で生活を維持
するために必要な支援を行う援助の方法である。

　ケアマネジメントの展開方法は、①「ケースの発見」から始まり、②「ア
セスメント」、③「援助目標の設定とケアプランの作成」、④「ケアプランの
実施」、⑤「モニタリング」を行う。この過程で新たな課題や問題が発生し
たときには⑥「再アセスメント」を行い、⑦「計画の見直し」を行う。この
過程は、ケースが⑧「終結」するまで②から⑦の間で繰り返される。

　ケアマネジメントを実施する専門職をケアマネジャーといい、これまで高
齢者や障害者の分野において主に実践され、援助方法論として確立してきた。
しかし、現在、子ども家庭福祉関連分野に携わる保育士などの専門職におい
ても必要となってきたといえよう。社会問題として深刻化している児童虐待
をはじめ、複雑化した家族問題の解決に向けて、家庭での養育がむずかしい
子どもたちや実際に虐待を受けて施設に入所している子どもたちとその親、
家族を視野に入れた援助が必要とされ始めたからである。

　また、このような複雑な家族問題に対応していくためには、児童相談所、
福祉事務所、保育所、幼稚園、学校関係、病院、警察署といった関係機関や、

地域住民、児童委員、ボランティアが連携することが必要である。他職種間の連携により子どもとその家族に必要なサービスを模索し提供して、問題解決に向けた適切な支援を行うことができるからである。

(2)　地域のなかでの実践の視点 −事例から学ぶ−

「児童虐待、ネグレクト傾向にある５歳児の事例」

《関係機関・職員》
　保育士、主任保育士、副園長、園長、保健師、児童相談所、児童福祉司
《家族構成》
　父親（32歳：会社員）、母親（27歳：専業主婦）、Ｋ男（５歳：長男）、長女（６か月）
《事例概要》
　Ｋ男が通う保育園の担当保育士が、Ｋ男の服装が１週間まったく同じであることから、母親に洋服をかえてもらうようにとＫ男にいい、おたより帳にＫ男の状況を記述した。Ｋ男は入浴をしていないこと、妹が生まれて母親が忙しいことを話した。保育士が母親に面会の依頼をしたところ、母親は面会に応じて来園した。そのとき６か月の長女がいることを理由に、Ｋ男に手をかけられなかったことを園長、保育士に説明した。
　しかしその後も、Ｋ男の洋服、入浴に関して改善の様子が見受けられず、園長、副園長、主任保育士を交えて母親との話し合いを設けた。母親は調子のよい返事をしたものの実行する様子がないまま１週間が経過した。その後、打撲症と思われる痣が右足太股についているのを同じクラスの園児が発見し、担当保育士に連絡。担当保育士は園長、副園長に相談したところ、虐待と思われるため児童相談所に連絡し、保育園ではＫ男の様子を観察していた。
　保育園から両親への面接来園を依頼し、話し合いを設けた。父親は園からの面接依頼には拒否的であったが、都合をつけ来園した。そこで、父親が育児参加せず、母親が養育、家事一切を行っていることが明らかになった。また、養育状況も長女が未熟児で生まれたことで、Ｋ男の養育には手をかけずにきたということや、母親が積極的な子育てをしたがらないといった問題点があり、父親には育児参加を促し、児童相談所との連携を図り対応を考えた。
《援助経過》
　第１期：両親面接を機会に、両親（特に母親）の養育支援を中心に相談を
　　　　　行った。

第2期：両親のかかわりに変化が出たことから、父親の育児参加を促し、主に母親のサポート支援を行った。

第3期：母親が心理的に安定してきたことで長女、K男それぞれへのかかわりについて養育相談を行い、母親とともに考えた。

第4期：K男の衣服の汚れがなくなり、着替え、入浴をしている様子が観察された。両親への面接を行い、肯定的な養育状況であることを確認した。母親には園主催の親の会への参加を促した。

第5期：母親同士の仲間づくりができ、長女へは保健師が定期的に訪問して養育支援を行った。また、児童相談所からアドバイスを受けながら保育園、保健師の連携をとり、支援をした。

《担当保育士の対応》

ネグレクト[※5]の発見に始まり、事実確認と状況を明確化した上で、最初に園長、副園長、主任保育士へ子どもの状況と現状報告を行った。保育園としてまず母親の面接を依頼し、母親の話を聞きながら着替えや入浴に関する改善を働きかけた。その後改善の様子がみられず、虐待らしき身体の痣（あざ）を発見したことから、園長、副園長、主任保育士に報告した上で、児童相談所に連絡し、連携をとりつつ対応した。また、保育園として両親面接を依頼した。母親は拒否的であったが、繰り返し面接を行い、子育てについてよい方向で考えていきたいと伝えた。さらに父親が面接に来園、現状の家庭状況が明確化された。

そこで、保育園の「母親の会」など、母親同士の仲間に参加する働きかけをし、母親が精神的に安定でき、養育できる環境をつくり、ともに考えていくといった保育園としての一貫した方針を立て、担当保育士を中心にしながらも、園長、副園長、主任保育士、保健師、また児童相談所とチームを組み連携して対応した。その結果、K男の子育てに両親がよい方向へ歩み出していった経過があった。

《考　察》

父親の育児参加により母親が安定し、K男と長女に対する育児について具体的にかかわりを考えるようになった。同時にK男の衣服や衛生状況に変化がみられ、表情が明るくなって安定した。母親と保育園の関係が一層深くなり、担当保育士に、母親から話を頻繁にするようになった。両親そろっての相談を受けることで、母親のおかれていた環境の変化とともにネグレクト、虐待予防に向けて支援ができた。支援期間6か月を経て、その後K男は卒園した。

⑶　効果的なサービス提供・支援を行うために（連携・ネットワーク）

　事例の考察から示されたように、問題解決に至るためには、総合的な援助とともに各機関の連携やネットワークが、いかに必要であるかを理解できたと思う。ここで、問題解決に向けた保育園の課題を整理したい。

　まず、第1に保育士の人材育成の問題と、複数の問題を抱えた家族に向けて対応できる環境をつくることである。つまり、担当保育士1人では対応できない部分を園長、副園長、主任保育士がスーパーバイザーとなり、問題に対応できるシステムがつくられていることである。

　第2に、保育園では対応できない部分については、児童相談所、保健所との連携をとりながら、問題が深刻化しないように、具体的な対応を協議し支援していく体制をつくることである。

　第3に、保護者（親）の孤立化を防ぐためにも、気軽に相談し、仲間づくりができる支援体制を保育園内でつくることである。特に育児不安や対応に悩んでいる母親に対しては、保育園で開催される母親の会などへの参加を通じて仲間づくりを支援することが重要となる。

　以上、まずは、保育園が地域の子育て支援の場として存在し、家庭や保護者（親）が抱えているさまざまな不安や悩みに対してその家庭に合った方法で支援し、また、子どもとともに保護者（親）を多方面から支援していくための連携・ネットワークを構築することが欠かせない。この連携・ネットワーク、母親の会などの組織化が地域援助技術（コミュニティワーク）といえる。

　2022（令和4）年の児童福祉法改正によって、市町村は「子ども家庭総合支援拠点（児童福祉）」と「子育て世代包括支援センター（母子保健）」の設立意義や機能を維持した上で組織を見直し、すべての妊産婦、子育て世帯、子どもへの一体的な相談支援を行う機能を有する機関（こども家庭センター）の設置に努めることや、妊娠届から妊産婦支援、子育てや子どもに関する相談を受けて支援につなぐためのマネジメント（サポートプランの作成）等を担うことを明らかにした。今日出てきている複雑で多様な問題から、包括的・総合的な発想や視点でジェネラルソーシャルワークも必要になるであろう。

〈参考文献〉
千葉千恵美『保育ソーシャルワークと子育て支援』久美　2011年
平山宗宏編『子どもの保健と支援』日本小児医事出版社　2014年
保育福祉小六法編集委員会編『保育福祉小六法　2023年版』みらい　2023年
千葉千恵美『子育て支援と実践』現代図書　2020年
谷田貝公昭監修、和田上貴昭・髙玉和子編『保育士を育てる子ども家庭支援論』一藝社
2020年
白幡久美子編『新版　保育士をめざす人の子ども家庭支援』みらい　2021年
千葉千恵美『乳幼児保育と子育て支援　改訂版』風詠社　2023年

コラム　保育士と介護福祉士

　保育士が働く場は主に児童福祉施設であるが、近年では高齢社会の到来とともに、老人福祉施設（特別養護老人ホームなど）が増加し、そこで働く保育士が増えている。その要因として保育士は、基本的な対人援助技術を学んでいることに加え、保育士資格を取得後、1年間、介護福祉士養成施設で学べば、介護福祉士の資格を取得できることにある。介護福祉士は社会福祉士及び介護福祉士法に基づく福祉専門職で、身体や精神上の障害があり、介護を必要とする人へ食事や排泄、入浴など日常生活上の介護を行う専門職である。

　また、障害児施設などは、保育士が働く職場であると同時に、介護福祉士も働く職場である。子どもへの保育的なかかわりと同時に介護を必要とする児童だけに、この2つの資格があれば心強い。

　少子・高齢社会にあって、より福祉の専門性が高い人材が求められる今日、機会があれば、ぜひチャレンジされてはいかがだろうか。

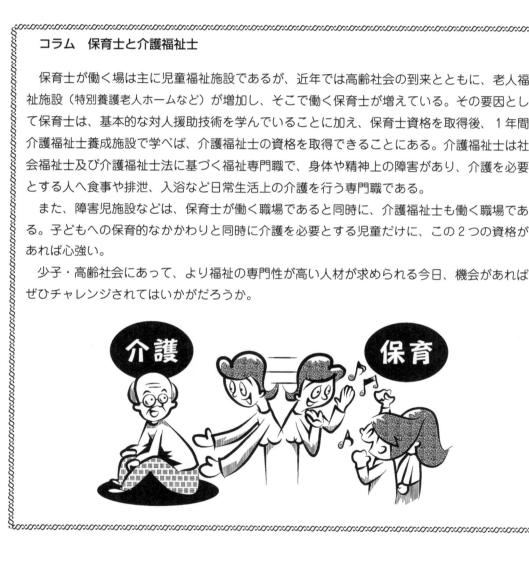

索　引

改訂　保育士をめざす人の子ども家庭福祉

2024年3月1日　初版第1刷発行

編　　　者	波田埜 英 治・辰 己　　　隆
発 行 者	竹 鼻 均 之
発 行 所	株式会社みらい
	〒500-8137　岐阜市東興町40 第5澤田ビル
	電 話　058-247-1227㈹
	https://www.mirai-inc.jp/
印刷・製本	サンメッセ株式会社

ISBN978-4-86015-613-8　C3036
Printed in Japan　　　　　乱丁本・落丁本はお取り替え致します。